韶关学院人才引进项目"史铁生笔下的'孤独'困境研究"

史铁生创作论

王　琨　著

东南大学出版社
SOUTHEAST UNIVERSITY PRESS
·南京·

图书在版编目(CIP)数据

史铁生创作论 / 王琨著. — 南京：东南大学出版
社，2021.6
ISBN 978-7-5641-9578-6

Ⅰ. ①史… Ⅱ. ①王… Ⅲ. ①史铁生(1951—2010)
-传记 Ⅳ. ①K825.6

中国版本图书馆 CIP 数据核字(2021)第 120506 号

史铁生创作论

Shi Tiesheng Chuangzuo Lun

著　　者	王　琨	
责任编辑	贺玮玮　　邮箱:974181109@qq.com	
责任印制	周荣虎	
出版发行	东南大学出版社	
地　　址	南京市四牌楼 2 号　邮编:210096	
出 版 人	江建中	
网　　址	http://www.seupress.com	
经　　销	全国各地新华书店	
印　　刷	广东虎彩云印刷有限公司	
开　　本	700 mm×1000 mm　1/16	
印　　张	11	
字　　数	183 千字	
版　　次	2021 年 6 月第 1 版	
印　　次	2021 年 6 月第 1 次印刷	
书　　号	ISBN 978 - 7 - 5641 - 9578 - 6	
定　　价	69.00 元	

本社图书若有印装质量问题,请直接与营销部联系。
电话(传真):025 - 83791830。

导　言

　　本书以作家史铁生的创作为立足点，以史铁生所经历的时间为线索，勾勒其所经历的时代、人生轨迹与心路历程，同时对社会意识形态变迁在作家生命中所起的影响进行剖析，在以文本分析为宗旨的前提下，意在客观呈现史铁生作为一个当代人的生命历程、作品中的时代烙印，进而分析作品的审美特征和思想主题，还原史铁生一生创作的原生状态，寻找他的来时之路，刻画他在人生困境和疑难面前的求索历程，彰显其坚韧不拔的精神与刚毅卓绝的品质。

　　本书拟分为三个部分，即绪论、正文与结语。绪论部分简单梳理了史铁生创作研究趋势的同时，归纳了历年来关于史铁生的研究主题。轮椅上的史铁生以辽阔而深邃的心魂和甘于寂寞的生存姿态，为人类生存提供了另一种可能，给人们以灵魂启迪，历来受到读者的重视与尊崇，其思想之深邃与广博，值得多维度探讨和深究。

　　正文部分主要采用历时性的角度，以史铁生人生轨迹中的重要时间节点为主要标志，结合史铁生在文字中对自己不同人生阶段的书写进行呈现，勾勒他短暂而充实的一生所经历的时代风潮、成长轨迹，关注其创作思想渐进式的形成过程、写作风格的变化、对超越人类普遍存在困境的解答方式，以及他的理想主义情怀在商品经济时代的存在意义，以此呈现史铁生独特而光辉的存在意义。

　　正文所涉及的内容如下：

　　第一部分　以史铁生的文字为线索，回望史铁生1980年之前的人生历程，以其成长环境和时代氛围为背景，还原史铁生在年轻时的人生轨迹和他所走过的心路历程。

置身于 1960—1970 年间的时代风潮中，年轻的史铁生一直以一位边缘者的身份沉默着、迷茫着，仓促惶惑的青春岁月也曾给予史铁生温暖的情怀与盼望，在下乡的日子里，在与农民与土地相守的岁月里，他终于体悟到人与人之间最为切实的温暖。他的反映知青生活的小说《插队的故事》《我的遥远的清平湾》，以理想主义情怀率先脱离了那种时代悲壮与怨怼情绪，他以对人类普遍情感的爱为出发点，试图向内寻求人与外在环境的平衡。

史铁生在一开始创作时，表现出对生活的干预心态，发出了对于异化人性的不满和控诉，同时他从自身经验出发，表达了对残疾人得不到尊重的愤懑与无奈。以《命若琴弦》为标志，史铁生的创作更为内向化，并且渐渐远离了时代文化思潮的喧哗与舞动。在他的宗教式哲思范域里，认为中国式的佛教信仰属于"到达式"的天堂观，无理性根基，故易生贪、嗔、痴等妄念，而基督教"道路式"的天堂观，则意味着无始无终的行走与盼望，在此无尽的行程中，"爱"是唯一的生存意义。史铁生对宗教满怀热心又不失理性，他的作品同时富有神性与具有人本主义色彩的哲理意蕴。尽管对人生困境的解答，最终的答案指向的是人的自救这一命题，但他以神性思考介入文学，给迷茫的心魂提供了可贵的启示。

第二部分　本部分探讨史铁生在 1980 年代的写作之于其本人的意义，探寻史铁生在这一时期的创作中对人本困境的洞察及其创作思想内涵，同时关注史铁生在电影中所融入的思想理念。

随着在写作之夜的探求愈加深远，写作对于史铁生的意义也更加彰显、更加重要。写作对于轮椅上的史铁生来说，是探求、是掘取、是受造，同时也在无形中惠及他人。将写作视为宿命的史铁生，受西方现代主义的影响，在后来的作品中淡化时代因素，具体向人的内心隐秘处探微。他认为人与生俱来有三大困境，即自始至终的孤独、无度的欲望和人对于死的恐惧。他认为人注定只能是自己，与他人无法沟通，这意味着孤独；人实现愿望的能力赶不上产生欲望的能力，这意味着痛苦；人不想死，而人生来就在走向死亡，这意味着恐惧。

史铁生在对困境的超越过程中，实现了他对爱的呼唤和践行，"爱"是他普世热情的根基，亦是他与命运抗争的手段。在史铁生看来，摆脱孤独的良方便是对爱的呼唤与践行，在此"爱"是唯一可行的路径。弗罗姆认为，对人来说最大的需要就是克服他的孤独感和摆脱孤独的监禁，而这只有通过"爱"才有可能实现。诚实是爱的基本前提，唯有通过坦诚的交托，彼此才能在共生中产生爱来抵御孤独的侵蚀。但是细观史铁生所提倡的"爱"的内涵，我们发现他着重于的是对二人关系中精神方面感召力的呼唤，而非立足于对现实社会复杂人际关系的具体研究，因此在坚固的现实面前，"爱"的践行力度和效果都显得微弱苍白。但在史铁生的创作中，"爱"是其展现普世热情的根基，亦是他与命运抗争的手段。本书在肯定史铁生所主张的"孤独"的绝对性基础上，对比弗罗姆对于爱的哲学的理论，辩证地分析史铁生怀着理想主义情结所提倡的"爱"的启示意义与现实局限，深入而客观地探析史铁生在文本中通过一系列人物的遭遇所呼唤和证明的"爱"，在现实空间里的价值意义和局限所在。

另外本部分将探讨史铁生在电影编剧工作中所传达的诗性电影的建构理念，这反映了他的理想主义情怀。他在小说创作中引入剧本模式，表现了他对剧本创作不竭的热爱，同时反映了史铁生不拘一格、反对束缚的文体创作观。

第三部分 论述史铁生在 1990 年代商品经济大潮中坚守理想主义情怀的可贵及其所可能遭遇的困境。在世俗化浪潮不断高涨的 1990 年代，史铁生执守着他的个人理想主义，驰骋在个人的心魂疆域。他一面探讨着生命的意义，一面则尽可能精微地雕琢着灵魂的轮廓。史铁生的理想主义并不追求崇高，而是从人本位的立场上力求平实。

附录部分结合史铁生前期和后期的个别短篇小说，观察他对于古代叙事资源的继承和转化。史铁生在 1980 年代中期创作的《毒药》，生命后期创作的短篇《群猴逸事》与《借你一次午睡》，在体例与内容上完成了对中国古代笔记传统的系统借鉴和改造，流露出具有现代性的生存之思，同时他反对异化、追求自然的旷达情致，与笔记小说的古雅相映成趣。史铁生熟识西方现代主义文学中的小说技巧与创作方法，但同时在生命后期他也自觉追随传统文学叙事手法，善于从传统中获取灵感与素材，但不是照搬古人，而是大胆拿来，加以改造。

结语部分意在归纳史铁生在困境里的心路历程，他对苦难的认领，对写作这份宿命的执着，以及把握他后期创作的微变。史铁生用半生智慧，启悟了许多迷茫的心魂，在当下萎靡不振的价值空间里，他的思想价值应该被作为人类宝贵的精神财富，世代长存。

1

目　录

2

绪　论

零

史铁生在作品中对于命运的思考和关怀，倾注了他对于人类真诚的爱和深厚的人文情怀。他以自己独有的言说方式，赋予作品以精神文化价值和永恒生命力，虽然史铁生一直都将自己的写作与文学这一领域划清界限，在他看来，写作是纯属个人的事，而文学要牵涉到一群人，这必然会破坏个人的独有空间。在喧哗的世间，他宁愿静守孤独，做一个在"写作之夜"孜孜于精神疆域的文字工匠。无论从思维能力、普世热情，还是渊博的学识，史铁生都堪称新时期文学以来，一位杰出而可贵的勇于探索人类内在精神疆域的勇士。

一

艺术家的创作往往离不开自己的精神母题，综观史铁生的一生，他一直在创作中所苦苦探寻的，是普遍存在于人类之中的"残疾"与"爱情"这两个命题。史铁生的处女作《爱情的命运》发表时间是 1979 年，四年后，他的《我的遥远的清平湾》获得全国首届优秀短篇小说奖，文中所流露出的理想主义情怀，令史铁生成为知青文学的代言者，自此史铁生开始受到文坛的关注。同时社会舆论还倾向于史铁生的残疾身世，并将他作为励志的榜样。1985 年之前，史铁生关于知青生活的文学创作，在很大程度上符合了时代的大众呼求，作品中所展露的温厚人情，如缓缓的溪水滋润着刚刚从时代大动荡中惊魂甫定的人心，行文中优美的叙述语调与缜密细腻的语言组织能力，满足了普罗大众的文学审美诉求。而同一时期史铁生的其他小说，如《午餐半小时》《法学教授及其夫人》《关于詹牧师的报告文学》等的反响却相对较弱。其实，综观史铁生以后的创作历程，会发现史铁生创作主题的真正肇始正是源于这些小说，它们表面上刻画的是一群被社会主流所边缘的残疾人，但那些困扰着他们的生存难题，带有人类生存困境的普遍性特征，史铁生在小说中对这些难题的探讨，随着他创作的延伸得到了更为深刻的阐释。

与锲而不舍的写作精神相辉映的是史铁生的生存姿态，在当代文坛，史铁生是一位令人敬重的残疾作家。二十一岁那年，他失去了行走能力，坐在轮椅上的他试图自杀过，但是终因对生的牵绊而活了下来。活下来，借助于手中的笔，史铁生开拓了真正属于自己的精神空间，在文字里创造了拥有个人特色的文学世界。于残疾人，史铁生是身残志坚的榜样，于读者，他是一位伟大坚韧的灵魂导师，而这一切荣耀都源于他近乎神性的强大精神意念。在价值理念越来越萎靡的当下，史铁生对个人空间的坚守与开拓所展现出的精神资源，足以振奋整个时代。通过对史铁生创作思想资源的发掘，当代人定能够在其中找到疲软的生命意志所急需的精神补剂。

写作成为史铁生的在世生存方式后，贯穿于行文中的那些以命运为主题的诸种思考，是坐在轮椅上的他潜心观察和体验的结晶。他借助于宗教及西方哲学观来寻找生存的意义，探寻个体人在命运中所可能遭遇的诸种疑难。史铁生并非一位高蹈空泛的坐而论道者，他切身体会过自己笔下的诸种疑难与困境，只是借着手中的笔与不竭的思考，最终突出重围，走向了人生的另一番舒朗清明的境界。他在文字里所流露的生死之思，体现了他对生命的终极热爱。无论在当代文坛，还是于目前浮躁而空泛的社会意识形态空间，史铁生自身的经历和他所结晶的思想，都值得重视与推崇。

二

近年来，无论是社会公共话语空间，还是专业学界，对史铁生的关注越来越多。在民间，北京有关于他的研究会，每逢他的祭日，全国各地会有大批的读者自发组织线上线下的纪念活动。因他的《我与地坛》而广为人知的北京地坛公园，也曾因网友就是否在那里为他立一座塑像的讨论，而在社会上引起过热议。史铁生的经历和作品里所表达的生存意念，固然是很多研究者的出发点，但是综观史铁生的研究现状，对于他的研究往往以文本为主，阐述的东西太过于形而上学，且多有重复与过度阐释的地方。综观历年来学界对史铁生的研究论文，经拨冗归纳后，主要表现在以下方面：

1. 对史铁生创作思想的研究

史铁生用哲学思辨去探寻生存意义，他对命运的思考深度使他在当代文学史上多了一重思想者的身份定位。他在轮椅上的思索与彻悟，为其作品带来了哲思的意蕴，虽然这意蕴在很多评论家看来折损了文学本身应有的感性魅力。但史铁生向内探索灵魂空间的魄力，及其所体现的思想价值，是当代中国思想界不可小觑的一隅。他在关于"生"与"死"主题的探讨中认为，死亡带来的只是肉身的陨灭，而灵魂可以超越个体死亡得以永存。他以写作来获取生之意义，以完成对存在的理性认知，以及他对人生困境的勇敢与超然，在差异困境、孤独困境、欲望困境中，史铁生选择了直面这些困境，借助于宗教与个体的形而上思索寻求突破，进而获取在世为人的属世意义，从而走上了西绪福斯式的自我救赎之路。

与此相类似的是史铁生的生命"过程论"思想，这种思想超越了孤独困境、欲望困境、死亡困境，从而赋予人类以个体性尊严。有学者留意到史铁生作品中出现大量的第一人称，认为这与作家的个体生存经验有关，表现出一种心灵的真诚，这种第一人称的叙述同时带有一种自我审察与考问的意味，心灵所通向的是更为通明的神圣之境。他"以过程为目的"的生存观，所透露的价值取向核心通往虚无。学者王卫湘在《演绎生命和死亡的哲理——读史铁生的作品》中，就史铁生作品中所涉及的死亡主题进行了较为全面的论述，认为史铁生对于生命意义的把握和了悟，皆是源于对死亡的默想。他对死亡的深刻理解，使他超出了对于世俗生命的思悟，从而上升到了形而上的哲理层次，因而给作品抹上了一层哲学思辨色彩。李东芳在《存在的忧思：史铁生的出发点与归宿——史铁生小说创作论》中认为史铁生的创作意义正在于以文学作为工具，去寻找人类存在的普遍意义。以一种可能的美学立场，打破传统小说创作的思想意识格局，在贴近"灵魂"的表达方式下，呈现出史铁生对个体生命的意义、价值与权利的思考。而这种思考的结果倾向于对人生宿命性的认同，透露出人类理性能力在宿命面前极富尊严的反抗与无以为继的迷茫。

针对史铁生在 1980 年代中期以后，在创作中所流露出的思想变化，学者叶立文在《启蒙的迷途——论史铁生小说的思想价值》中指出，从 20 世纪 80 年代中期开始，史铁生就在小说创作中表达了对于启蒙思想的质疑。随着史铁生对于生命本身意义的不断思考，他越来越相信，作为一位文学创作者，并不是被神启的先知。在命运面前，他们同样弱小和迷茫，应该借助于写作，向读者贡献自己的迷途。史铁生的《我的丁一之旅》正是体现了他对命运的示弱与真诚，揭示了史铁生由一位启蒙者、一个对命运西绪福斯式的抗争者，转变成了一位甘于示弱的宗教思考者，他逐渐从崇尚人之主体性的启蒙作家，蜕变成了一个祛魅启蒙神话的迷途羔羊，他的思想路径颇能折射出当代文学在现代性语境中的深刻变化。

史铁生 1990 年代的长篇《务虚笔记》是研究与阐述史铁生思想脉络的一个主要阵地，它几乎是史铁生之前所有创作主题的汇总。周国平在《评〈务虚笔记〉的笔记》里，认为史铁生是中国最有哲学家气质的人，他一直在发问，问生命的意义，问上帝的意图。他是凭着悟性一点一点地敲开人生的一个个谜题之壳。周国平同时认为，史铁生作品的一贯主题是命运。《务虚笔记》中在人物 Z、WR、C、L、F、O、N 的命运的诞生、交叉、重叠与分化中看到了猜谜者的"游戏"。每个人心中隐伏着的永恒的旋律和诗。学者张细珍认为史铁生小说中的人物既是自成一界的特定符号，是性格人、命运人、存在人、意象人，是演绎存在之相、表达存在之惑的镜像意象，接通寄予着作者关于命运与存在的思考。他认为，在历经与不幸命运的和解之后，史铁生把人间整幅变幻的命运之图当作自己的认知对象，以猜测上帝所设的命运之谜为乐事。做一个猜谜者，这是史铁生以及一切智者历尽苦难后找到的自救之途。孙郁的《通往哲学的路——读史铁生》，将史铁生的文学创作放置于哲思的层面，认为史铁生的魔力在于使我们暂将世俗一切外在的因素统统忘掉，而走进了哲思的纯然境地。作者所归结的史铁生的文字表达主题即：所有的欲望都是本然的，而本然的一切又是虚妄的。人无法离开虚妄，正像无法超越本然。不过作者理性看待史铁生的思辨，认为其哲思有余，但理性不足。他认为史铁生对于人生的哲学关怀视角，还处于比较感性的感悟式解读。但即使这样，史铁生对人生的探讨姿态在中国当代文坛已属难得。

邓晓芒在其《灵魂之旅：90 年代以来中国文学的生存意境》中专设一章对史铁生进行论述，邓晓芒认为史铁生是当代作家中最有哲学性的作家，《务虚笔记》的语言纯净，是作家真挚心地的折射，作者通过对上帝的探寻，其实是在寻找可能的自我，并且邓晓芒通过对小说人物的性格解析，得出各个人物代表了人类的童年与成年，他们是史铁生所走过的心路历程的符号代表，儿童是成人的可能，而一旦成为可能便具有了不可逆转性。O 代表传统理想的爱，而她的最后自杀，归结出传统文化在现代西方文化的冲击下，是孱弱的，带有儿童化、女性化、失语化的特征。学者周政保认为《务虚笔记》是应该引起文学界重视的作品。它是中国小说家的创造，但它又是"人类的"，它拥有一种不仅仅属于中国读者的文学质地及精神本色。

对于史铁生的哲思探讨，往往绕不开史铁生的宗教情怀。史铁生的创作与基督教文化的关系，表现在其作品中关于原罪、忏悔、救赎、苦难与爱等主题的探讨上，同时作品中对《圣经》经典意象的移植与转化也是研究的一个重点。赵毅衡在《神性的证明：面对史铁生》中，从时代思索者的角度，从具体作品出发，论述了史铁生思想神性存在的依据，以及这种照耀灵魂深处的神性之光的具体投射，认为史铁生的神性之维在当代中国知识分子中尤为可贵。

同时史铁生作品中流露出的佛教思想也不容忽视，史铁生对佛教应对苦难的三种方式的借鉴，体现在面对人生价值观上的选择、应对与背离上，从而赋予人生境遇以终极层面的永恒。石杰从史铁生与佛教的关系中进行探讨的文章《史铁生小说的佛教色彩》，指出史铁生对人生困境的思索与佛教四谛中的苦谛有着相通的地方，发人深思。学者张柠认为《务虚笔记》的文字有"般若"的境界，而这样的作者一定会在悟道体、悟人生、表达的精美（不妨视之为形式因素）等各方面达到境界。史铁生谦卑的叙事姿态，在作品中对人与人之间

"差别"的瓦解，体现了佛教中所谓的"平等观"。关于史铁生作品中的基督教思想，同时作者在另一篇文章中提出史铁生小说中的偶然性与不可知性，前者体现了史铁生对命运的坦然姿态，后者则体现了史铁生在命运面前的无能为力。史铁生将此归结为上帝的设计，但并不代表他皈依上帝，他属人部分的强大使其缺少对基督信仰的奋不顾身。而史铁生所具有的宗教精神，促使他在面对人生困境时能够超越苦难，将其升华为一个流光溢彩的过程。

另外，除了对作品中流露出的较明显的佛教与基督教色彩的分析与阐述，学者胡河清，从传统与西方文化的角度，对史铁生其人及创作进行论述，显示了不同于以往的研究视角，他认为史铁生作品中有道家文化的精神成分，比如其对韵味的刻意追求。

这些关于史铁生与宗教的关系的论文，倾向于将其定位为一位宗教思考者，史铁生无论借助于哪一种宗教，最终归向的是自己的属人位格，进而建构自己的在世生存观。他肯定基督教的救赎说，但主张人的自救，肯定佛教的缘起说，但又否定其消极灭欲的虚无观。史铁生自称昼信基督夜信佛，他不被某一专门的宗教度化，最终使他的创作彰显出人本主义的精神光环。

2. 从疾病与文学的角度展开的研究

从疾病与文学的角度从事史铁生研究是学界的一个重阵。学者荣松最早从残疾意识出发，正视史铁生的创作心理中的"自卑"，但又论证史铁生的创作并不仅仅在于表现一己的情感，他表现的是人类共通性的情感与普遍诉求。他认为对于史铁生而言，残疾并不仅仅是肉身上的残缺，同时还会带来一种隔膜与分离。而人的生存本质是无时无刻不处在残缺当中，残缺同时代表着被救赎的希望，而救赎的唯一途径是"爱"。对于史铁生爱情观的研究也是伴随着疾病与文学的阐述并行的，史铁生的爱情观具有古典与现代相结合的特征，他认为是原罪突出了爱情的重要，爱情成为人的在世救赎，唯有彼此相爱才能重回当初走失的伊甸。在 1980 年代中期以后，残疾与爱情逐渐上升为史铁生创作的两个主题，所通往的是揭晓命运之谜的最终答案。

1989 年，吴俊的《当代西绪福斯神话——史铁生小说的心理透视》在文本细读的基础上，以心理分析的方法，从残疾主题的意蕴、自卑情结的苦闷、宿命意识的惆怅这三个方面分析，认为史铁生对于命运探讨的总出发点，是出于自己的残疾意识与自卑心理，并且直指这种自卑心理所导致的性自卑。他认为史铁生的宿命意识来源于他的自我诘问，小说中人物的迷茫所负载的是作者本人的困惑。这篇文章从人性的角度出发，借助于现代心理学分析作家本人的创作心理，为后来的史铁生研究提供了许多启示。同年吴俊在《大彻大悟：绝望者的美丽遁词——关于史铁生的小说》里，就前文进一步论述，认为史铁生对这世间的温情实际是一种无能为力，是对命运绝望后的假面。史铁生对命运的自我解说，虽然有着西绪福斯的精神，但是缺少一种批判的力度。吴俊对于史铁生的这两篇评论文章，在历来的评论文章中，是比较尖锐的。较于学界的某些评论史铁生的文字，大多偏于褒扬赞誉，且这些文章中不乏空泛的客套与作为一个正常人高高在上的所谓怜悯，作者吴俊将史铁生直接放在一个平视的角度进行研究批评，虽然文章观点犀利、极有批判性，但论辩的出发点是对人性的尊重。

3. 从语言与艺术风格上考察史铁生的创作

在研究史铁生创作的论文中，对他的语言风格与艺术特性的研究也不在少数，如一致认为史铁生语言风格的质朴含蓄与富含哲理，而这种考察是以史铁生的人生经验与生存性感悟为基础的。在对部分小说语言的研究中（尤以黄土地书写为主的小说），指出史铁生在创作中对于陕北方言的使用令作品染上了浓厚的乡土气息，体现了史铁生对于曾经抛洒过青春汗水的黄土的眷恋。有的研究作者认为史铁生的小说如《我的遥远的清平湾》带有音乐性，这种研究角度之新奇，体现了史铁生作品的多维度阐释性。有的作者运用巴赫金的"复调小说"理论对其后期小说《务虚笔记》和《我的丁一之旅》的主题和叙事结构进行分析，这对研究史铁生后期的思想发展有着很好的启示。学者北帆在《论史铁生小说的艺术变奏》中，就史铁生的创作由散文化到哲学思考的强化这一轨迹进行论述，着重其小说创作的艺术性，真切地把握了史铁生早期创作的特征与流变。

写过多篇史铁生研究论文的邢孔辉认为《务虚笔记》的一个显著特点，便是结构的自由和开放，小说中的三个层次彼此交织在一起，作者自由地出入于小说与现实，叙事与思想之间，从而形成了一种全息性结构，《务虚笔记》中的人物、语言、事件等，都带有全息的意味，用解剖的方法将其中的某一项单独提出来分析，无疑会影响信息的传达。有的认为《务虚笔记》是对有限与无限，偶然与必然，凡俗与奇异，绝望与追求等具有两极悖论色彩的人生命题，进行了终极追问与理性而开阔的表达。它迷宫式的结构，以及人物名字的字母表达，增添了它所彰显的人生的不确定性。同时《务虚笔记》的复调叙述也是研究的一个重点。

普通读者对于史铁生的接受往往是始于他的散文，学界对于史铁生散文的研究性论文相对较为成熟，如有学者通过史铁生与同时代作家如张承志的比较，认为虽然二人皆为同时代的理想主义者，仍然表现了不同的散文创作风格与主题意蕴，史铁生是宽容地对待世俗社会，把理想寄寓于世俗社会之中，皈依宗教精神而非宗教；其风格"内敛"，冷静理智，其境界为"无我之境"，其风格近"旷"。史铁生的散文探求着人之生存的终极目标，诉说众生的悲与欢，弥漫着沉郁的人生况味。母爱、友爱、情爱的大融合，是史铁生散文的鲜明主题。同时认为史铁生的散文是文化散文，多种思想驳杂融汇，常用儒、道、佛诸家思想解释世界与拷问灵魂，无意识地留下其个人哲学的印记，坦诚真挚的思想流露是史铁生散文的另一鲜明特征。学者王尧认为史铁生散文亦有宗教感，他对人本困境的关怀，他对精神的感悟和执着，他对世事的平和，都不能不让人联想到神性。王彬彬从文体角度对《我与地坛》进行分析，肯定了史铁生的跨文体写作，认为该文用了小说的一些常用技法，但散文与小说并无明确的界限，从而在评论界打破了散文与小说之间的严格划分，并且对这种亦散文亦小说的文体书写方式给予了肯定。

4. 西方现代主义对史铁生创作的影响

史铁生对于西方现代主义的接受与转化与大的时代背景相辅相依，在1980年代，存在主义对中国当代一部分作家产生了深刻的影响，史铁生自然也位列其中。史铁生某些作品的特征主要表现在三个方面：反抗命运、寻找自我救赎，以及对现代主义创作方法的借用。蒋原伦《史铁生小说的几种简单读法》，就史铁生创作手法的多变进行分析，认为自1985年的《命若琴弦》之后，他的创作就走出了严谨的契诃夫式的写法，而他对生活的看法也不再局限于身体残疾的客观限制，而是有了更为自由和宏观的视角来俯观整个人类生存。同时就作家作品中所探讨的如死亡、命运之谜这些主题进行了初期的汇总。香港的陈顺馨将史铁生创作主题之一归结为对人本困境的思索，而有新意的是将他的叙述结构表达为迷宫式的架构，认为史铁生创作的精神追求富有现代主义色彩，但其面临着同时代作家共同面对的难题，即解构与现代主义的创作倾向跟审美之间的选择。

顾林的专著《救赎的可能：走近史铁生》认为史铁生的创作之路就是其"信仰之路"，面对史铁生创作中所流露出的现代主义思想，学者胡山林认为是自发的哲学家气质和苦难精神把史铁生引向存在主义，存在主义对史铁生的影响表现在，对人与世界关系的深刻领悟，对荒诞处境的深刻体验，对荒诞和虚无的抗争，是存在主义促进了史铁生对人生与命运理解的深度，存在主义也借助史铁生而被中国读者所进一步接受。在《试说史铁生》中，汪政与晓华二人则反评论界的大流而行之，认为史铁生的创作与现代主义后现代主义相去甚远，史铁生的创作是偏于古典的。史铁生是不见容于任何文学模式的写作者，他的写作呈现的是自己的故事，是他内心所有意念的折射。

5. 对史铁生写作观的研究

史铁生在 1985 年以后在写作上发生了很大的变化，这既表现在他的小说表现主题的内向化，也在他不循常规的小说创作技法上有所彰显，这主要得益于他对西方现代主义创作方法的吸收和转化。史铁生的一生是写作的一生，初始时写作是活着的目的，如史铁生所说，写作是为了不自杀。后来写作成为活着的手段。在不必为生存忧虑的时候，因为借助于写作对生命深层意义的探寻，写作成为通往永生的必经之途。胡山林在《论史铁生的文学观》中将史铁生作为一位作家的心性品质归结为朴素与真诚，在史铁生看来创作就是真诚地诉说，在诉说中寻找人生疑难的一个个答案。同时他认为史铁生的创作，把人的心灵与精神作为写作的创新之源，应该说这与传统的文学源于生活的观点并不冲突，是对传统文学观的丰富、深化和发展。

1990 年代初，汪政和晓华在《当代作家评论》中都意识到了史铁生创作的文体变化，认为史铁生突破传统小说文体的限制，是为了更好地表达自己的思想，这种创作意图，得到他们的肯定。在谈到史铁生当时的创作转变时，认为是一种由外向内的转变，即由关注自身的残疾所带来的一系列社会问题，转向普通的大众人生，这种转向主要表现在哲学、精神层面，通过善恶、命运、宗教的思考传达出一种内心的宁静和生存智慧。

6. 对史铁生反映知青作品的研究

史铁生在《我的遥远的清平湾》和《插队的故事》中，所流露出的知青记忆与诗化情怀，使他成为知青文学的代表作家。一些论文着意分析其作品中浓郁的陕北文化色彩，并从知青群体和文化历史两个方面出发，分析史铁生在作品中礼赞这段生活的心理原因。对于第二故乡的延安清平湾，史铁生在记忆中将其诗化，当年曾想逃离的艰苦农村被记忆敷上了一层温暖的色调，从而其中的人与物都被谱写进了理想主义的赞歌之中。

7. 从文学史的宏观角度对史铁生的评论

文学史著作也将史铁生纳入其中，并且给予很高的肯定，学者於可训在《当代文学概论》中，在谈到当代小说创作时，将史铁生的《务虚笔记》列在王安忆和余华的前面，并从人本主义的立场来分析其中所探析的人生形态的种种可能性，以及带有普遍性的寓言和象征。洪子诚在《中国当代文学史》中阐述了史铁生的精神品质与作品的独特内涵，肯定了史铁生带有哲思意味和宗教情怀的创作在文学史上的意义和价值。在 1980 年代中期以后，史铁生在文坛上的处境渐趋边缘，这与他跟当时语境、文学成规、主导氛围、文学批评等体制化精神空间的"脱轨"有关。而史铁生在创作上的改变，如在作品中对西方现代主义元素的引入，与文学思潮的影响和自我身份的焦虑不无关系。学者张均的《史铁生与当代文学史书写》从宏观文学史写作角度，论述新时期以来史铁生在文学史上地位的变化，反映了文学受制于意识形态的现实。季红真在《冥想中的精神跋涉》认为史铁生是这一时代最有思想的作家之一，从总体上对史铁生给予了高度评价，作者认为史铁生的精神跋涉交织着怀疑与信仰，同时作者从史铁生的创作外围如语言风格、文体形式进行分析，认为史铁生不仅以理论的方式参与了当代文学理论的争论，也以自己的创作实绩呈现了中国文学痛苦的蜕变过程。他的文学成就是多方面的。

8. 来自亲友的回忆性文字

史铁生逝世后，友人与读者为他写的一些纪念文字，其中最为重要的是其妻子陈希米的《让"死"活下去》一书，通过对丈夫史铁生逝世后自己所走过心路历程的回望，陈希米用诗化的方式表达了对亡夫的深切怀念，同时对死亡这一人生的终极主题进行了深具自我体验的言说。此番言说，因其亲身遭遇，而更具力度，也显质朴，与此同时，更令人叹服的是作者行文中不失哲人风范的思索方式，以及由此而结晶出的生命智慧。同时从中也可以探寻出史铁生的阅读轨迹，对研究史铁生的思想渊源无形中提供了重要线索。

另外还有友人的纪念文集《生命：民间记忆史铁生》和《永远的史铁生》，以及史铁生个人的访谈和部分书信集《史铁生的日子》。在怀念史铁生的友人中，有他青年时代就结下深厚情谊的挚友，有后来结识的志趣相投的文友，有多年来一直相互帮扶的邻舍，也有未曾谋面的精神伙伴，这些人眼中的史铁生是谦和、仗义而风趣乐观的。同时通过史铁生的书信集，可以发现史铁生在作品之外所流露出的思想和他宽厚仁慈的处世态度。这些作品对还原史铁生的生平提供了重要客观依据。

9. 史铁生文字里的女性形象

史铁生笔下的女性形象，一方面被作者本人赋予了太多的男性期待，另一方面又具有诗性品质。无论是母亲还是恋人，她们大多贤良、温顺，学者张细珍认为史铁生笔下的女性形象是其"南方情结"的意象衍生，一方面，具有诗性品质、智性深度与神性导向；另一方面，又由于诗性的幻化、智性的抽象化与神性的虚化而逆转为虚幻的诗性心像、抽象的智性哲思与迷蒙的神性灵光，进而可见作者潜在的心理情结与自觉的艺术创作间的背离。

三

在综合前人研究成果的基础上，本论文的写作以文本细读为主，兼以史铁生逝世前的访谈以及书信，作为考察史铁生创作历程与生平的基本依据。实地走访史铁生生前亲友，所获得的第一手资料将作为还原生活中史铁生的佐证资料，以史铁生的成长为时间线索，从作家本人的生活经历出发，以此从现实中去探寻史铁生的创作心态，力求真实呈现作者所遭遇的现实困境，巩固史铁生立在神性之维所秉持的人本主义生存理念，同时彰显史铁生在秉有这一理念的过程中，对"爱"的践行方式。论文主要从以下几个方面进行重点论述：

1. 成长环境和时代氛围对史铁生创作心理的影响

成长环境，尤其是童年的生活环境，对每一个写作者都起着至关重要的作用。对于史铁生而言，教堂、寺庙这些儿时就接触的宗教建筑，无形中促进了日后史铁生宗教性思想的形成。例如史铁生回忆自己一来到世上就听到的声音是教堂的钟声，这钟声给他安全感，使他有归属感，使他感到生命的根。对佛教的接受则表现在对于死的认识，他认为心魂是不灭的，在时间被忽略的存在中，生死同一。死是生的一种形态。在《我的丁一之旅》中，"我"作为不灭的心魂寄居于丁一的肉身，这一意象则与佛家的"心识不灭"说相通，只是史铁生将心识巧妙地换作了心魂，其宗却并不离佛教义理。自幼年至青年，庙堂的兴衰起落与社会体制的变革息息相关。现实中的寺庙，因为有着太多人类的期待而沾染的俗尘气，令他始终望而生畏。而这种畏怯，并没有泯灭史铁生对于佛性的思索，他认为，此岸永远是残缺的，否则彼岸就要坍塌。他认为并非佛祖度化众生，恰恰相反，是众生度化了佛祖。无论对佛教还是基督教，他都有着自己深刻的认识与领悟。在史铁生的宗教观点中，无论是倾向于佛还是基督，他的目的都是为了给自己的在世生存寻找思想支撑，在他看来，人唯有乞求于自己的精神，不管我们信仰什么，都是我们自情怀的精神的描述和引导。史铁生对宗教满怀热心又不失理性，他的宗教观是以人为本位的，作品因此充满了富有神性的诗意与哲理意蕴的同时，其终极目标指向的是对人生困境的解答，而最终答案指向人的自救这一终极命题，但他以神性思考介入文学，对于人类精神领域的探求具有很大的开拓性与启示意义。

史铁生是与新中国一起成长起来的，在这个全新的时代，他们感受到的是前人所未曾体会过的振奋与昂扬。在轰轰烈烈的"文化大革命"与知青上山下乡运动中，史铁生一直以一位边缘者的姿态沉默着，但作为旁观者他却有着清醒的时代意识和历史眼光，通过对周边人与事的洞察，他深深感到重建社会秩序的必要，而爱与律法的规约正是维系秩序正常良好运转的必备心理机制。

"文革"中靠阶级成分来站队划线所带来的存在意识，无形中影响了少年史铁生，作为小知识分子家庭出身的"灰五类"身份，他深感自我的渺小与卑微。在《务虚笔记》中反复出现的那扇门，仿佛人间伊甸，走出去后，人所面对的世界就变了模样：差别产生，人亦不再赤诚相见，取而代之的是荒芜而冰凉的隔离。史铁生对差别的理解，体现了少年时身心所经受的触动。惶乱的岁月也曾给予史铁生温暖的情怀，反映知青生活的小说《插队的故事》《我的遥远的清平湾》以理想主义情怀，率先脱离了那种时代悲壮与怨怼情绪，他以对人类普遍情感的爱为出发点，试图向内寻求人与外在环境的平衡。黄土地上的一切善恶在作者回忆的视角里都变得柔和起来，泛含着深沉温厚的人类之爱。

在插队中，史铁生双腿残疾，不得不提前返城。1976年以后的时代变了，而时代所留给人们的记忆并不能被轻易抹去，史铁生在一开始创作时，表现出对生活的干预心态，发出了对于人性异化的不满和控诉，同时也从自身经验出发，表达了对残疾人正常人性和尊严得不到基本对待的愤懑与无奈，这一时期的代表作品有《午餐半小时》《法学教授及其夫人》和《关于詹牧师的报告文学》。在这些作品中，人物所携带的时代特征较为显著，具有鲜明的时代烙印，作者以小人物所经历的生活轨迹和心理活动，集中表达了个体在宏大时代浪潮中所遭遇的无奈与荒诞。至1985年，以《命若琴弦》为标志，史铁生的创作开始向内转，渐渐远离了时代喧哗，他在精神疆域里的探寻，也更为辽阔而精彩。

2. "写作"之行与"存在主义"之思

史铁生虽然被称为作家，但他极力想要撇清写作与文学之间的关系。他认为，文学留给作家，写作则属于一些不守这世间规矩的寻觅者。在写作中，作家不要是天命的教导员，作家应该贡献自己的迷途。在莫测的生命之旅中，生命的意义不在于向外寻取，而在于内在的建立。因由写作，他才看清自己是谁，才看清他的犹疑、困惑，以及曾经不应有的执拗，同时因由写作，他也对自己的未来充满兴趣和好奇。写作于他是探求、是掘取、是受造，同时也在无形中惠及他人。人的一生主要是心路的历程，人到底要到哪儿去？人是什么？史铁生在写作中寻找答案，对于他，写作是为了人的生存寻找更美的理由。

史铁生在文学创作手法上呈现出不拘一格且多变的特征，80年代西方现代主义创作方法涌入中国，史铁生率先完成了对于存在主义的吸收与转化，1985年被视为史铁生创作的转折年，写于这一年的《命若琴弦》所流露出的生命"过程哲学"思想，透露出西方存在主义的哲理意蕴。自此，史铁生的创作视角越来越淡化现实层面的因子，对于心魂的探析愈显精微。这种转变很大一部分来自西方现代主义传入后对其的影响，使他向内审视自我与创作。以典型的现实主义风格《插队的故事》获得过全国最佳小说奖的史铁生，虽然已经广被业内及广大读者所认可，但他开始渐渐远离那种中规中矩的现实主义创作风格，而是透过表面深入思索小说到底该如何写，由此呈现出向内转的创作姿态，其对于精神世界的探索结出了一系列创作硕果，他因1996年的《务虚笔记》被邓晓芒称为中国哲学素养最高的作家。

3. 爱情是对"残缺"人生的补救

从1979年其处女作《爱情的命运》发表以来，史铁生日后的创作主题，便已初露端倪。《没有太阳的角落》中借助几位残疾人对一位正常女孩的爱慕，表现出爱情是苦涩人生的一勺糖。因为人生下来就有"残缺"，而爱情是补救。尤其在1985年以后，史铁生开始探索人的生存这种带有终极性思索的谜题。并渐渐显露出答案，即人生来是残疾的，人生来就存在的困境有三种：欲望困境、孤独困境以及对死亡的恐惧。面对这三种困境所带来的是人本身的残疾，而要补救它们，爱是唯一的药方。残疾与爱情是他生命的密码，也是全人类的。

史铁生在1996年后，以《务虚笔记》的发表为标志，他的创作进入了新的阶段，他将对于爱情的探索引向了更为具体的坚定立场。通过小说中的人物，作者不断诉说着对于爱情的理解，爱情并没有完成时态，一如生命，它是动态的，这是上帝对人的祝福。而要享有这种祝福，作为人，最基本也是最为珍贵的是对自己与伴侣的诚实。史铁生新千年发表的长篇小说《我的丁一之旅》，更加坚固了最初的这份对于爱情的尊重与颂扬。如果说《务虚笔记》还可以从人物的身世遭遇上探寻其所生活的时代的话，那么在《我的丁一之旅》中，这种线索变得更为模糊，抹去的时代性彰显的是人性的共通性，即对于爱情的渴望，与人的贪婪之间的痛苦挣扎。

4. 电影与史铁生的文学创作

1980 年代，史铁生多次以编剧的方式"触电"，并取得过不俗的成绩。在百度百科关于史铁生身份的介绍中，除了作家，还有一项是电影编剧。即使到了商业气息无处不在的 21 世纪，深蕴理想主义情怀的史铁生并没有因为浮躁的商业气氛而终止对于电影的个人关怀。史铁生在编剧工作中所传达的电影理想是偏于诗性的，这反映了他的理想主义情怀，但这种情怀在今天强调票房商业利润的市场里，是难以真正得到展露的，他只能默守着对戏剧的一份爱。他在小说创作中引入一些剧本体裁的方式进行写作，表现了他对剧本创作不竭的热爱，同时也在一定程度上反映了史铁生不拘一格、反对束缚的文体创作观。

5. 可贵的理想主义情怀

1980 年代，史铁生凭借《我的遥远的清平湾》成为知青文学理想主义一脉的代表，到了 1990 年代，史铁生的理想主义情怀更为突出，且更为内向。在世俗化浪潮不断高涨的 1990 年代，史铁生以心为马，执守着他的个人理想主义，驰骋在个人的心魂疆域。史铁生一面探讨着生命的意义，一面则尽可能精微地雕琢灵魂的轮廓。史铁生的理想主义并不追求崇高，而是力求平实，在平实中，不乏深刻，可以触摸得到生活的质地。

6. 史铁生对传统小说艺术手法的隔空呼应

处于文学史边缘地位的史铁生，在生命后期创作的短篇《群猴逸事》与《借你一次午睡》，在体例与内容上亦是完成了对中国古代笔记传统的系统借鉴和改造。作者借新笔记体创作，流露出具有现代性的生存之思，同时他反对异化、追求自然的旷达情致，与笔记小说的古雅相映成趣。史铁生熟识西方现代主义文学中的小说技巧与创作方法，但同时他也自觉追随传统文学，善于从传统中获取灵感与素材，但不是照搬古人，而是大胆拿来，加以改造。所以自他手中产生出这几篇富有传统气息的小说实属必然。从史铁生个人的创作历程可以看出，无论是 1980 年代，还是 21 世纪的今天，笔记小说始终保持着一定的生命力，它有着宽广的发展空间，对于这样一种小说形式，我们应给予更多的重视。

第一编　记忆与印象

壹

　　在无限的时间里，每一个微小的瞬间都可以串联起往日的信息，人们在破碎的时间片断里眺望或者回顾，却始终无法触摸时间的脉络。史铁生说："关于往日，我能写的，只是我的记忆与印象。我无意追踪史实。我不知道追踪到哪儿才能追踪到史实；追踪所及，无不是记忆与印象。"① 在他看来，记忆不过是一个牢笼，而关于往日的印象织就了牢笼以外的天空。在无限的心魂里，每个人都有属于自己的天空，在生命的最初，史铁生天空的底色是澄澈的，其中又泛着令人莫测的波谲云诡。

---

① 史铁生：《我与地坛》，北京：人民文学出版社 2011 年版，第 19 页。

第一章　轻轻地来

　　史铁生的童年时代是与新中国一起成长起来的，他们的成长轨迹中烙印下新中国前进中的每一个脚印，昂扬热烈的时代氛围赋予他们以迸发向上的精神底色。1949 年，中华人民共和国成立，中国人民开始了一个建设社会主义的新时代。举国在旧中国留下的残破废墟上，恢复和重建国民经济，百废待兴的局势，激发了人民昂扬的奋斗热情，这种风潮在年轻人的内在世界里所荡起的涟漪，主要表现为自觉拥有的主人翁的态度、集体主义精神，以及最为典型的理想主义激情，"它是引导人民群众进行革命和建设的精神火把，孕育了一种积极乐观的思想情绪，为这期间的社会生活涂上了一层热烈、明快的精神色调"①。史铁生在这种精神氛围中出生、长大。

　　1951 年 1 月 4 日，大雪，史铁生出生在北京的一所医院。史铁生在后来用诗化而充满温情的笔墨这样描述自己出生前后的情景："一天一宿罕见的大雪，路都埋了，奶奶抱着为我准备的铺盖蹚着雪走到医院，走到产房的窗檐下，在那儿站了半宿，天快亮时才听见我轻轻地来了。"② 史铁生母亲后来形容其出生时的样子是"一层黑皮包着骨头"。在堂兄妹之间，史铁生排行老三，在自己家里则排行老大，十二年后，他的妹妹才降生，在这之前史铁生一直独享父母的关爱与呵护。因堂兄弟中的老大出生时，一位亲戚测得那年缺铁，遂给史铁生取了一个带有"铁"字的名，因此"铁"并非史家族谱里的辈分。史铁生的父母都是老实厚道的小知识分子，他们工作的北京林学院与清华大学隔着一条马路。

　　关于幼年的记忆，有些是模糊的，然而最终能够冲破时间的樊篱留存在记

---

① 　於可训：《中国当代文学概论》，武汉：武汉大学出版社 2009 年版，第 23 页。
② 　史铁生：《我与地坛》，北京：人民文学出版社 2011 年版，第 21 页。

忆里的，必然是与生命息息相关的印象。史铁生关于这世界的具体记忆时间可追溯至 1953 年 3 月的斯大林去世这一事件，此事件成为史铁生记事的标记。这个世界带给史铁生的第一个记忆事件居然是与死有关的信息，这是否是命运的某种暗示？暗示他终将与"死"建立生生不息的关系，在双腿残疾后，史铁生曾用很长的时间思索生死的意义，在几度绝望中尝试过自杀，且几次因为病情严重而勇闯鬼门关。史铁生曾说，记忆绝不是偶然的，个人从他接受到的、多得不可计数的印象中选出来记忆的，肯定是让他觉得对他的处境极具重要性的事件。正如阿德勒所说："他人的记忆代表了他的'生活故事'；他反复地用这个故事来警告自己或安慰自己，使自己集中心力于自己的目标，并按照过去的经验，准备用已经试验过的行为样式来应付未来。"①

如果"死"是偶然植入的记忆事件而令人无法自拔，那么在印象的自由天空下，画面则温馨、祥和了许多，似乎还可以听到鸽子飞翔时扇动翅膀的声音。澄澈的天空下，老北京城里一个普通的四合院里，幼小的史铁生"站在炕上，扶着窗台，透过玻璃看它。屋里有些昏暗，窗外阳光明媚。近处是一排排绿油油的榆树矮墙，越过榆树矮墙远处有两棵大枣树，枣树枯黑的枝条镶嵌进蓝天，枣树下是四周静静的窗廊——与世界最初的相见就是这样"②，在生命的记忆中，一个全新的小生命在等待着被命运之神历练与锻造。如果说人是被抛到这个世界上来的，如果他知道迎接自己的将是怎样一番路途，他会选择中途折返还是毅然前往？

在未来的日子里，对于史铁生来说，生之疑难一个接一个地到来，比如他本该意气风发，挥洒青春热血，却在最狂妄的年纪陡然失去了双腿；他不想要母亲离开，可是却在自己最艰难的岁月里突然失去了母亲；他希望得到众人的喝彩，却被视为一粒尘埃。多年后，史铁生以一个旁观者的姿态俯瞰自己的一生，无限悲苦只化作一句淡然的自我揶揄："我看着史铁生幼时的照片，常于心底酿出一股冷笑：将来有他的罪受。"③

研究者在悲叹史铁生的悲剧命运之时，不免去寻找支撑他活下去的精神支柱。史铁生的宗教思想是此番探寻的一个主要阵地。佛教和基督教的宗教思想

---

① ［奥地利］阿尔弗雷德·阿德勒：《自卑与超越》，曹晚红、魏雪萍译，汕头：汕头大学出版社 2009 年版，第 58 页。
② 史铁生：《我与地坛》，北京：人民文学出版社 2011 年版，第 21 页。
③ 史铁生：《病隙碎笔》，北京：人民文学出版社 2011 年版，第 37 页。

不同程度地影响了史铁生的命运观，因为它们的启示与光照，史铁生最终穿越了残疾所可能带来的阴霾，在痛彻的自我醒悟中，越发坚毅地奔赴这场生之旅途。

第一节 宗教对史铁生的影响

史铁生在生命后期笑称自己昼信基督夜信佛，对神性的肯定体现了他个人灵魂里的谦卑。在史铁生看来，人生在世很多时刻是迷茫的，根本上是因由两件事情，即生和死。"基督教诲的初衷是如何面对生，而佛家智慧的侧面是怎样看待死"①，在生死面前，人无论多么强大，都应该有一颗对生死的敬畏之心，多少代人的迷茫与寻觅，仇恨与歧途，年轻与衰老，最终所能要求的都是：祈祷，因为祈祷是表达灵魂谦卑的重要形式。至于信仰所及的具体宗教在史铁生看来并不重要，"我的信仰仅仅是我的信仰……我信什么，仅仅是因为什么让我信，至于哪门哪派实在只是增加我的糊涂"②。所以可以说史铁生是一位泛神论者，他需要的是可以启示他迷途的光照。

—

教堂、寺庙这些宗教建筑，构成史铁生从小成长环境的一隅。对于庙的记忆，最初是与奶奶共享天伦的画面交织在一起的。而真正给幼小史铁生的情绪带来负面冲击的是庙堂的法事活动，在他的记忆中，庙堂中常有法事，钟鼓声、铙钹声、木鱼声，"嘟嘟嘟嘟"的音乐让人内心惶惶。诵经声如无字的伴歌，好像黑夜的愁叹，好像被灼烤了一白天的土地终于得以舒展并油然飘缭起的雾霭，庙堂里的仪式给幼小的史铁生的印象是神圣威严，令人望而却步。他时常带着童稚的脚步迟疑着走近庙的门边，只向门缝中望一眼，便立刻跑开，驱动他离开的大约就是形式的力量：温和中透着森森然的不适，而这种"不适"，并没有随着年纪的增长消退掉。中国是一个佛教香火旺盛的国度，善男信女们络绎不绝的步履促使他思考信仰的真正意义，人们为满足各种私欲所表现的虔诚而来的信仰热潮，令史铁生对这种虔诚更为警惕。对于佛教信仰，成年后的他有了更多的思考与质疑。

---

① 史铁生：《昼信基督夜信佛》，北京：十月文艺出版社 2012 年版，第 4 页。
② 史铁生：《昼信基督夜信佛》，北京：十月文艺出版社 2012 年版，第 66 页。

自古以来，佛教在社会上的盛衰，往往与政治形势的变化息息相关。新中国成立后，在破旧立新的社会氛围中，庙堂不再是被世人敬畏的殿堂。上小学的那一年，史铁生随父母搬了家，原因是若干街道联合起来成立了人民公社，公社看中了他们原来的院子以及相邻的两个院子，于是要求他们搬出。他们的新家在北京一条叫做观音寺的胡同里，那儿附近有一座庙，史铁生常和同龄的几个孩子一起在那里玩模仿战争的游戏，还常常放了学去那里一起看小人书，或者在那儿互相抄作业。在百废待兴的新社会里，这座庙不久就被变成了一个有色金属加工厂，史铁生和小伙伴随之失去了一片乐园。在小学里，摇铃的老头先前便是一位庙里的和尚，不知为何他摇出的铃音，并不令人感到催逼，仿佛能够体恤到孩子们的心事，上课的铃声听起来迟滞、消沉，而下课的铃声则欢快、激昂，可是后来这位和蔼的老人被遣回了老家，因为据说他偷偷地烧香。

1976 年以后，宗教政策开放了一些。北京城内外的一些有名的寺庙相继修葺一新，重新开放。但是在新的时代氛围下，寺庙的香火虽越来越旺盛，所烘托得不过是贪婪的人间欲望，"人们大把大把地烧香，整簇整簇的香投入香炉，火光熊熊，烟气熏蒸，人们衷心地跪拜，祈求升迁，祈求福寿，消灾避难，财运亨通……"① 寺庙，因为有着太多的人类期待而沾染了俗尘气，这种人格化的信仰，令作者望而却步。他认为，"在改革开放的宏大背景下，宗教的复兴与其说是所谓'信仰'危机的表征，不如说是社会解魅的结果"②。以庙的记忆为支点，史铁生展开了对于佛教思想的自我解读，他认为，此岸永远是残缺的，否则彼岸就要坍塌。"慈悲"中的"慈"便是在这一条无尽无休的路上行走所要持守的信念。在他看来，中国人基本的佛教信仰是"到达式"的天堂观，是没有理性基础的，因为人永远在走向天堂，而无法走到天堂。那些急于到达的人们，往往会被贪、嗔、痴等妄念所裹挟，反而适得其反，误入歧途。

二

不容抹杀的事实是，史铁生对于佛教并不是一味地畏惧、质疑。佛教意义上的生存观在史铁生看来，是无欲无念复归虚无。以这种观念来对抗属世的个人苦难，似乎肉身所经受的重担都轻盈了许多。受惠于佛教苦谛的启发，他在

---

① 史铁生：《我与地坛》，北京：人民文学出版社 2011 年版，第 59 页。
② 刘小枫：《圣灵降临的叙事》，北京：华夏出版社 2008 年版，第 51 页。

肉体痛苦的磨难中，认定人生本苦，采取的应对方式是视一切为虚无。在经历了人生的诸般磨难和对佛义理性思考的基础上，史铁生认为"生本不乐"，生命是一个过程，人所能够做的是将这个过程尽量变得精彩。他肯定世俗和人性，对佛学的清心寡欲说持保留态度，对人类欲望的肯定和颂扬，体现了他对生的热爱，和对自我的诚实，也是他个人本位主义的彰显。史铁生坦言："有时候，我们甚至渴望罪恶，盼望魔鬼重新降临死国，兴风作浪，捣毁这腻烦的平静，把圆满打开一个缺口，让欲望回来，让神秘和未知回来，让每个死灵心中的秘密回来吧，让时空的阻碍、让灵与灵之间的隔膜统统回来！"①

史铁生对于人生的认识借助于佛学的启悟，因而使他在痛苦面前可以更加通透豁达，在具体践行那日复一日的琐碎时，在冗长而艰难的日子里，他具体发扬了西绪福斯推巨石上山的精神。西绪福斯一直被当作勇气和毅力的象征，法国哲学家加缪的《西绪福斯神话》肯定了其坚韧不息与苦难顽抗到底的精神，"加缪笔下的西绪福斯不但有毅力和勇气，还有一份极难得的清醒，他知道他的苦难没有尽头，但没有气馁，没有悲观，更没有怨天尤人。于是，西绪福斯成了一位悲剧的英雄，成了与命运搏击的人类的象征"②。但是比西绪福斯更加难得的是，史铁生对苦难的态度并非被动承受，他在践行苦难的过程中，时刻不忘对于爱的呼唤。因为他深深地明白，"只有在爱中，人才在人本身的生成之中"③。

执守着爱的信念，史铁生是在身体力行地书写一部中国式的西绪福斯神话，在人生道路上，既然意外的灾难随时会光顾，人所能做的便是在灾难面前临危不惧，对命运的谜底坦然相托，这番坦然得益于他的神性思维角度。史铁生对宗教满怀热心又不失理性，他的作品因此充满了神性的诗意与哲理意蕴，对人生困境的解答，最终的答案指向的是人的自救这一命题，他让信念枯萎的人领悟，只有自救与互助互爱才是唯一的出路。他以神性思考介入文学，为迷茫的心魂提供了可贵的启示，从人本主义立场上讲，对于人类精神领域的探求具有很大的开拓意义。

三

基督教里的耶稣在史铁生看来一样具有西绪福斯式的执着与坚韧，从不做

---

① 史铁生：《命若琴弦》，北京：人民文学出版社 2011 年版，第 427 页。
② ［法］阿尔贝·加缪：《西绪福斯神话》译后记，郭宏安译，北京：新星出版社 2012 年版。
③ 刘小枫：《走向十字架上的真》，上海：华东师范大学出版社 2011 年版，第 112 页。

无苦无忧的在世许诺，而是要人们携手抵抗苦难，以建立爱的天国。在对爱的践行过程中，他把无限的路途看作无限超越的可能，再把这无限的可能融入自己对这世间的痴情——爱，并永远地爱着，哪怕充满着荆棘和血泪。史铁生说他一来到世上听到的第一种声音是教堂的钟声，这钟声给他安全感、归属感，使他感到生命的归属。

在史铁生家附近的南馆确实有一座教堂，属苏联东正教会，史铁生堂哥当年就在教会办的幼儿园。奶奶曾想给史铁生报名就读，但未能如愿。教堂和幼儿园后来被拆除。史铁生用诗化记忆的方式描述他第一次见到教堂时的情形："大片大片寂静的树林，碎石小路蜿蜒其间。满地的败叶在风中滚动，踩上去吱吱作响。麻雀和灰喜鹊在林中草地上蹦蹦跳跳，坦然觅食。我止住哭声。我平生第一次看见了教堂，细密如烟的树枝后面，夕阳正染红了它的尖顶。"① 这一画面与寺庙所赋予的印象完全不同，教堂，在史铁生的最初印象里代表着亲和、慈悲与永恒，这种印象贯穿史铁生的一生。即使他在国外，与故土远隔万里，但是只要在教堂面前，便能感到任何地方的神性都是相通的。比如，在多年后，史铁生与夫人有了一次瑞典之行，旅程见闻新鲜纷呈，而令他印象深刻的是那儿的教堂，清澈的阳光里总能听见飘扬的钟声，那钟声让他想起小时候家里附近的教堂，异乡教堂的钟声将他带回儿时的记忆，在共同的钟声里，他毫无独在异乡为异客的凄凉感，却仿佛回到了那片失散已久的精神家园，在那里他忽然明白，"人的故乡，并不止于一块特定的土地，而是一种辽阔无比的心情，不受空间和时间的限制；这心情一经唤起，就是你已经回到了故乡"②。

史铁生对神性的肯定，令他从来不否认"另一维"世界的存在。在生命后期给一位学者的信中，他坦诚自己倾向于基督精神，基督所许诺的天国，因为在永恒的道路上，天国只可能降临于行走在朝圣道路上的人心中。人与神有着永恒的距离，因而向神之路是一条朝向尽善尽美的恒途。但"他的信仰来自对自己'此在'的信仰，即一种明证的'被给予性'，是对自己生命本性的一种直接体验的真实性"③。中国文人从小讲究的是乐生和整体和谐，有学者认为中国的文人对于生存的本质缺少刨根问底的魄力，亦很少悲天悯人，他们故意打

---

① 史铁生：《我与地坛》，北京：人民文学出版社 2011 年版，第 24 页。
② 史铁生：《我与地坛》，北京：人民文学出版社 2011 年版，第 25 页。
③ 邓晓芒：《史铁生：可能世界的笔记》，见《灵魂之旅：90 年代以来中国文学的生存意境》，上海：上海文艺出版社 2009 年版。

破逻辑或者让逻辑自己循环论证，我们的作家在舞文弄墨的同时尽量让自己避免疼痛。他们大多没有信仰，与宗教的关系也一直若即若离，他们只是用自己的心去略略地感知宗教——比如基督教所涵纳的价值信念，因此对基督教义的认识往往止于感性层面。

即使谦卑而向基督的史铁生也不能免俗，他虽然认为人生下来就面临疑难和困境，若要超越它们必须依靠"爱"。但史铁生所强调的这种"爱"与基督的"爱"有着格局上的不同，因为它没有以信仰为根基，它的践行所依凭的仅仅是个人信念。信念与信仰毕竟不同，它还没有凝铸成完整而有生命活力的价值观，还没有超越理性推演和批判反思层面，还没有展示出真正有原创力和超越性的精神资源。使徒保罗对"爱"之于人类的重要性做了尽可能周详的诠释，"我若能说万人的方言，并天使的话语，却没有爱，我就成了鸣的锣、响的钹一般。我若有先知讲道之能，也明白各样奥秘、各样知识，而且有全备的信，叫我能够移山，却没有爱，我就算不得什么。我若将所有的周济穷人，又舍己身叫人焚烧，却没有爱，仍然与我无益"①。在基督教里，爱是向外的，人人要去爱人，一心为别人着想，而别人并不仅限于伴侣爱人。这样的"爱"可以帮助人们剔除欲念和本性，并且不计回报地爱别人，因此离基督愈近。

然而所经历过的命运磨难，令史铁生无法彻底放下自我去真正接纳任何宗教理念作为信仰。在《我二十一岁那年》中，史铁生详细叙述了他在遭遇命运的重创之初试图寻求神而不得的苦涩心路。当医生告诉他脊椎里的瘤子目前还无法医治时，他默默乞求"上帝"不过是在跟他开玩笑，他只是在他的脊椎里装了一个良性的瘤子。内心只剩下祈祷的他用一株植物去获取神灵的启示，他给自己打赌，如果朋友送的这包莲子能够发芽，那么他就可以转危为安，果然，莲子发了芽，还长出了象征圆满的叶子，他以为祈祷奏效了，神灵开始对他这位年轻人发慈悲了。

"朋友送了我一包莲子，无聊时我捡几颗泡在瓶子里，想：赌不赌一个愿？——要是它们能发芽，我的病就不过是个瘤子……我每天给它们换水，早晨把它们移到窗台西边，下午再把它们挪到东边，让它们总在阳光里……不久，它们长出一片片圆圆的叶子来。'圆'，又是好兆。我更加周到地侍候它们，坐回到床上气喘吁吁地望着它们，夜里醒来在月光中也看看它们：好了，

———————————
① 《圣经·歌林多前书》13：1-3。

我要转运了。并且忽然注意到'莲'与'怜'谐音，毕恭毕敬地想：上帝终于要对我发发慈悲了吧？这些事我不说没人知道。"

但是最终事实摧毁了一切臆想，二十一岁的史铁生的脊椎里确实没有瘤子，而是以更为严峻、更加残酷的事实摆到他面前：病源于脊髓。这种先天的病原致使史铁生在此后的年月里只能靠轮椅行走，在得知这一事实后，史铁生写道："上帝直接在那条娇嫩的脊髓上做了手脚！定案之日，我像个冤判的屈鬼那样疯狂地作乱，挣扎着站起来，心想干吗不能跑一回让那个没良心的上帝瞧瞧？"[1] 史铁生经历了多少汹涌澎湃的自我灵魂的搏击，我们不得而知，通过有限的文字和些许友人回忆性的资料，可以推断那段试图与真相相处的时间，是他人生最为黑暗、最为无望的时候，但医院里亲友和医护人员的关爱，令他渐渐感到暖意，这种由爱所织就的温暖，是他对世间留恋的根本所在。

四

关于往后的生存，如何生存，怎样生存，以什么心态面对凌乱不堪的人生，仍然是青年史铁生个人需要直面的问题。坐上轮椅的他，才二十一岁，便被冷酷的现实逼到了墙脚，他在反复与死神相遇又错开的过程中，一再地痛定思痛，直到了悟：生命是一个过程，每个人只是彼此的一段路途。史铁生虽然咒骂上帝，但是基督教里关于生存的思想启示，在此时也不容置疑地照亮了他黯然的生命，他开始以一位基督教亲近者的身份徘徊于神殿周围，这种影响在史铁生早年的作品中已见端倪，如《我与地坛》里的宿命意识、苦难承受哲学。在《山顶上的传说》中，史铁生展开的思索问题的答案亦涉及基督教义的范畴，如人为什么活着？人来到这个世界上是为了什么？这样的无解之题，往往只有借助于宗教才可能寻得令人释然的解答。虽然并非基督徒，但史铁生创作中所展现的生存哲思，内含着博大的基督情怀。

史铁生在小说中多次引用《圣经》里的章节和意象来支撑自己的观点与信念，在《我的丁一之旅》中，他将自己以及物种的生命溯源于《圣经·旧约》，认为生命无不源于那时，并且他从《圣经·创世记》里选取亚当和夏娃被逐出伊甸的典故作为背景，来作为爱情神圣性的佐证。亚当与夏娃因为偷食禁果，被逐出伊甸，彼此失散，带着神启的盟约，他们开始了漫长而艰辛的对彼此的寻找。"就这样，我们从亚当和夏娃分头出发，像迁徙的鸟儿承诺着归来，我

---

[1]　史铁生：《我与地坛》，北京：人民文学出版社 2011 年版，第 177 页。

们承诺了相互寻找。就这样他们不得永生，故而轮轮回回，以自称为'我'的心流生生相继，走在这漫长或无尽的旅途中。"①史铁生援引基督教里的典故同时暗示了人的孤独处境，认为若要从中救赎自己，必须依靠不息的寻找与寂寞的等待煎熬。作者援引宗教典故但又不受宗教教义的束缚，依然保持个人独立性，这当然是对神本性的偏离，但是在中国作家群中，史铁生关于人类生存困境的思考却是最为深刻，最为专注的，这与宗教对他的启悟不无关系。同时他结合自己对苦难的切身体验，对教义做出了具有个人特征的注解，使人们感受到了他对于命运的敬畏和深层思考。

史铁生具有非常清醒的神性之思，他亲近神但并没有完全地信仰神，对信仰的谨慎体现了他对本我的坚守、对人性的肯定。如他所说："人惟有乞求于自己的精神，不管我们信仰什么，都是我们自己的精神的描述和引导。"②史铁生敬畏神，但坚守个人信念，其间虽夹杂着人性与神性的纠葛，人类自我尊严对于自己命运的持守，即保持与神的距离，忠于自我。信仰在他看来，"恰是人面对无从更改的生命困境而持有的一种不屈不挠、互爱互助的精神"③。史铁生是在身体力行地书写一部中国式的西绪福斯神话，他让信念枯萎的人明白，也许只有自救与互助互爱才是唯一的出路。在人生道路上，既然意外的灾难无法避免，人所能做的便是在灾难面前持有战胜的信念，始终保持一颗赤子之心。史铁生对宗教满怀热心又不失理性，他的宗教观是特别的，他的作品因此充满了富有神性的诗意与哲理意蕴，尽管对人生困境的解答，最终的答案指向的是人的自救这一命题，但他以神性思考介入文学，对于人类精神领域的探求具有很大的开拓性。

第二节　一位富有神性的人本主义者

在中国内地的当代文学家中，史铁生是鲜明的存在，他的价值和意义不可替代。学者赵毅衡说，当中国当代作家还在和人对话，史铁生早已经在和神对话。与同时代许多作家相比，史铁生的创作风格偏向于个人化和内向化，他希望灵魂在写作中能够得救，以实现自我拯救。这种自我意义的寻求，因为可能

①　史铁生：《我的丁一之旅》，北京：人民文学出版社 2011 年版，第 2 页。
②　史铁生：《我与地坛》，北京：人民文学出版社 2011 年版，第 183 页。
③　史铁生：《昼信基督夜信佛》，北京：十月文艺出版社 2012 年版，第 17 页。

带来的精神疼痛，而令很多人敬而远之。但是在有识见的人看来，"史铁生坚韧不拔的努力，坦率真诚的内省，这过程本身，是神性的证明"①。诚然如此，在中国当代作家还在用现世书写来慰藉沉重的肉身时，史铁生早已经上升到灵魂的高度去与"神"对话，他的存在之思具有神启的特质，而这种启示的获得，是他立足于人本主义立场上孜孜探索的结果。

一

神性是连接感性与理性的中间地带，它将感性所确定的知识加以合理化，从而再上升至理性层面，供人们所掌握。通过写作，史铁生用自己的推理证明神性来自追求神性的过程，而不在于结果。卡尔·巴特说："人的本性并不是追寻上帝，而是寻找自己，以寻找上帝之名寻找自己。"② 在史铁生看来，宗教精神便是人们在茫然时，依然保持的坚定信念，这要从他的亲身经历说起。史铁生在二十一岁那年忽然失去了行走能力，面对这种突然的命运变故，他也曾祈祷过，并且小心翼翼地取悦过神灵，但是这并没有阻挠厄运到来的步伐。他也只能硬着头皮接受，并且努力靠着生之信念在恶运中为自己开辟出一条路。他一开始的很多创作是关于生死的困惑与思索，然而这种探问到达一个阶段后，他就开始向人类普遍困境进行深入掘进，以一位拓荒者的姿态，直面人性里的"残疾"，并且用自己的方式提出了疗救"残疾"的药方。虽然他的生命中将近三分之二的时间是在轮椅上度过的，然而他的思绪可以接宇宙万仞，将自己在哲学上的见解带入文学创作领域，开创了当代哲思小说的新纪元。

他的神性之思超越了世俗羁绊，最能触动和丰富人的心灵与头脑，最贴近普遍人类的处境，借助它可以探求到人生疑难的终极解答。史铁生特殊的生活经历，使得这种结果的获取尤为艰辛。然而令人欣慰的是，他最终穿越精神的荒芜地带，抵达了明静的生存境地。神性启悟了他的生存智慧，但他自强不息的生存姿态，最终彰显的却是人性的尊严与完整。

史铁生对于命运的执着所彰显的神性之光，从外在上看，主要体现在他对"写作"这一行为的践行上。对于坐在轮椅上的他来说，写作从一开始的为生活而写，到后来生活是为了写作，写作成为他的宿命。史铁生在1980年代初期以《我的遥远的清平湾》率先脱离了之前对知青生活的苦难叙事模式，乡村

---

① 赵毅衡：《神性的证明：面对史铁生》，《当代作家评论》，2001年第2期。
② 刘小枫：《走向十字架上的真》，上海：上海三联书店1994年版。

牧歌式的理想主义姿态，令史铁生成为知青文学的代表作家。1985 年以后，史铁生的创作由内向外发生了令人醒目的转变，以《命若琴弦》为例，他开始向内思考人类生存这一本质命题。由此而延伸出的主题包括：过程哲学，人与生俱来的困境，以及探讨如何面对这些困境，这些思考都离不开史铁生所秉持的神性之维。

至 1990 年代的《务虚笔记》，"他不再从眼前的现实中、从传说中、从过去中寻求某种现成的语言或理想，而是从自己的灵魂中本原地创造出一种语言、一种理想，并用它衡量或'说'我们这个千古一贯的现实"①。哲学家邓晓芒认为，就思想性的丰富度和深度来说，当代一切寻根文学的总和也抵不上一部《务虚笔记》。因为小说对于人生谜题答案的寻找过程呈现出的思想性，令人相信有个更高的世界在"另一维"存在，人要努力寻求，但同时史铁生又否定了寻求的结果。因为在他看来，人永远在走向天堂，而无法到达。

史铁生认为《圣经》里在属世的苦难中，上帝并没有许诺过什么极乐世界，上帝所能做的就是派他的儿子耶稣与世人共同受苦，践行一个"爱"字，最后不惜将其钉在十字架上。"十字架事件乃是对人及其世界的审判——用我们的说法即批判，但这一神圣的审判是上帝以牺牲自己的儿子代人受过的爱的行为来完成的。"② 史铁生的基督教倾向使他在未知神明面前的姿态显得较为谦卑，但是在神面前，他所依凭的依然是高昂的属人位格。

二

人本主义一词，即英文的 Humanism，也可译为人文主义、人道主义等，这个词因时代不同而显出迥异的解释，但最基本的人本主义，是以人为基础和出发点来阐述问题，它偏向于一种思想态度，认为人和人的价值具有首要的意义，承认人的价值或尊严，以人作为衡量万物的尺度，对爱欲的尊崇是人本主义理论的代表观点，而史铁生在创作中弘扬爱欲在人生旅程中的重要性，则无形中佐证了他的人本主义立场。要廓清史铁生的人本主义立场，还原他作为一位人本主义者对这世间的拳拳赤子之心，则不免要回到史铁生所经历过的时代。

作为生于 1950 年代的人，史铁生因其所彰显的神性光环而迥异于同代人，

---

① 邓晓芒：《灵魂之旅：90 年代以来中国文学的生存意境》，上海：上海文艺出版社 2009 年版，第 167 页。

② 刘小枫：《走向十字架上的真》，上海：华东师范大学出版社 2011 年版，第 55 页。

出生于这个年代的人所负载的"集体无意识"表现在对实用主义价值观的践行上。回望那个时代的种种轰轰烈烈的风潮，人在自然和社会规律面前的妄自尊大，以及无视规律的生态破坏行为，都是实践万能论的极致表现。个人命运与他出生的时代环境息息相关，史铁生一代人随着新中国一起成长，在最美好的年华扎根乡村黄土，并以为永远会留在那儿，他们的青春记忆被打上了鲜明的时代烙印，被时代所裹挟左右的个人命运，令他们很难相信的确有神秘未知。

与史铁生同期的作家中，梁晓声、残雪、韩少功等人对于共同经历的时代，都以自己独特的视角，将那段岁月融进了文字和生命。史铁生与他们有着几乎雷同的成长背景，随着新中国一起成长，在相对的和平与动荡中度过了自己的童年与青少年。他们这一代人拥有全知全善的、具有充分神性品格的道德化意识形态，但过于注重实践结果的功利主义价值观，并不能够成为人生永恒的精神支撑。物质的丰富并不能填补精神的空虚，这种现象通识于全球各种社会状态下的人们，"人创造了种种新的、更好的方法以征服自然，但他却陷入这些方法的网罗中，并最终失去了赋予这些方法以意义的人自己。人征服了自然，却成了自己所创造的机器的奴隶。人具有关于物质的全部知识，但对于人的存在之最重要、最基本的问题——人是什么、人应该怎样生活、怎样才能创造性地释放和运用人所具有的巨大能量——却茫无所知"[1]。相比较于其他人，史铁生虽然一人执杖，独行于写作之夜，并艰难地从一个个生之困境中突围，最终来到属于自己的澄澈精神领地。但他一开始也是以一位参与者的身份与时代共处，他迷茫过、困惑过，而且从始至终，他身上都没有摆脱过时代的思想烙印。

三

史铁生的作品里充满的神性，细读之下会发现，他习惯用的"上帝"并非基督教义里所习焉的上帝——The Lord，史铁生所反复言之的"上帝"实则是人自己的精神。在轮椅上待了近二十年后，史铁生写下这样的文字来回顾他二十一岁以后所走过的心路历程，同时也揭示了他一路走来的精神支柱实则是强大的个人信念，他说："在以后的年月里，还将有很多我料想不到的事发生，我仍旧有时候默念着'上帝保佑'而陷入茫然。但是有一天我认识了神，他有

---

[1] ［美］弗洛姆：《弗洛姆文集》，冯川等译，北京：改革出版社1997年版，第132页。

一个更为具体的名字——精神。"[1] 他神性之思的出发点是人的位格。费尔巴哈认为宗教是人本质的异化，人是宗教的基础，是宗教的中心与终结，"人怎样思维、怎样主张，他的上帝也就怎样思维和主张；人有多大的价值，他的上帝也就有这么大的价值，决不会再多一些"[2]。

史铁生站在知识分子的立场上，用"上帝"去指引人在种种遭际面前的精神去向。他认为人在这个残酷不公的世界上是个被任意摆弄的孤儿，人的命运漂泊不定，而唯一所能依靠的就是自己的精神。史铁生所谓的"上帝"，在一定意义上，是经自己理性推敲而产生的、对孤独个体的自我主体性的一种代称。作为知识分子的史铁生，并没有固执于探寻神的存在与否，他用谦卑的普世情怀，对一系列生之疑难进行探索，这过程本身无形中彰显了人性的光环。

在生命后期，史铁生在给友人的信中写道："基督精神，真正是伟大。很多事，问到底，都是信仰问题，神性的问题。希米（史铁生夫人）若能读一个函授神学，真是不错。我们常想象，她将来能到一个小教堂去，既领神谕，又能做一点这方面的工作，真是再好没有。"[3] 在倾向于基督信仰的人本主义立场上，史铁生重视人与"上帝"的关系、人的自由意志和人对于自然界的优越性的态度，体现了他对未知之神的敬畏与对自我人本主义立场之间的矛盾与摇摆。

四

费尔巴哈认为"人不是抽象理性的人，而是具有感性、欲望的人。不是'我思故我在'，而是'我欲故我在'"[4]。费尔巴哈还认为人的基础是自然，人本主义是爱的宗教，以爱的宗教代替神的宗教，对人与人之间的爱，特别是男女之间的爱加以神化，认为这种爱是摆脱一切灾难与罪恶的唯一途径，可以创造人间一切奇迹。

史铁生也对爱情予以高度颂扬，认为在苦难的凡尘里，"爱情，所以是博爱的象征，是大同的火种，是于不理想的现实中一次理想的实现，是'通天塔'的一次局部成功"[5]。而这种美好的伊甸般的境界要依靠人艰苦的寻找才可

①　史铁生：《我与地坛》，北京：人民文学出版社 2011 年版，第 183 页。
②　[德] 费尔巴哈：《费尔巴哈哲学著作选集》下卷，北京：商务印书馆 1984 版，第 38 页。
③　史铁生：《病隙碎笔》，北京：人民文学出版社 2011 年版，第 354 页。
④　杨寿堪：《20 世纪西方哲学科学主义与人本主义》，北京：北京师范大学出版社 2003 年版，第 286 页。
⑤　史铁生：《扶轮问路 妄想电影》，北京：人民文学出版社 2011 版，第 114 页。

以获得。然而面对众多诱惑，人要如何分辨哪一个是自己所要寻找的亚当或者是夏娃？同时在找到后又如何才能不反悔或者移情别恋？对这些的探问都是深源于对人性的叩问。

小说《我的丁一之旅》中，作为行魂的"我"为了规约丁一的乱性，对他如此告诫："第一，惟当你找到夏娃，你才能认出她不是别人，而此前她与别人毫无二致。第二，你不能靠展示上帝赋予你的信物去昭告她，不能滥用那独具的语言来试探她——就譬如，人是不可以试探神的！丁一我提醒你这是重要的，否则你将在这横亘如山、浩瀚如水的别人中间碰得焦头烂额（看样子他并没在意）。但是第三，丁一你听着：最终我们又必须靠这信物，靠这独具的语言，来认定那伊甸的盟约！"① 这实际上也代表了史铁生个人对爱情理解，即：爱情是神性的证明，因为它美好，所以寻找起来尤为艰辛，其中饱含着无数的试探和熬人的寂寞。

然而这还不是全部，在得到自以为是的爱情以后，至于如何经营这份得来不易的爱情，也是一个值得思考的问题，多少神仙眷侣将他们看似般配的爱情消磨在日常事务的琐碎中，折损在无法抵御的诱惑里。关于守护爱情的命题，史铁生的解决办法是彼此诚实。这包括灵魂的诚实与身体的诚实。但是对于肉身凡胎的人类来说这很难，卡夫卡说："通过细致的观察可以发现，人们是永远不可能坦白一切的。甚至往昔那些看上去似乎彻底坦白出来的事情，后来也显示出还有根子留在内心深处。"② 因每个人生命构成的不同，而使得爱情关系呈现出千差万别的质地，每个人都独自成为一个系统，在恋爱中，当一方进入另一方的系统，这个系统会被打破还是被完善，就要看两者是否有一定量相同的关键词。作为生命的一个阶段——有人可能会经历很多个系统被破坏再重新修复继而再次寻找的阶段，而有的人可以初战告捷。但无论怎样的过程，于人类而言，归根结底，爱情是一种自我实现。它的可读性完全在于它的沉默不语，无论对外界还是指向对方，都会不由衷地有所保留。人们即使处于一种爱情关系之中，也不得不放弃真诚。无论这段关系如何的坚固，因为人总是忍不住要有所掩饰，有所保留。

史铁生在给爱人的诗中写道："我曾走过山，走过水，其实只是借助它们走过我的生命；我看着天，看着地，其实只是借助它们确定着我的位置；我爱

---

① 史铁生：《我的丁一之旅》，北京：人民文学出版社 2011 年版，第 79 页。
② 易磊主编：《感动中国的名家随笔·伞殇》，呼和浩特：内蒙古文化出版社 2009 年版，第 217 页。

着她，爱着你，其实只是借助别人实现了我的爱欲。"① 史铁生是清醒的，就像他对爱人的态度，始终处于自我的一方，于对方，他无所谓沉溺与执着，唯有感恩与珍重。他让自己明白，任何人，都是生命的过客，哪怕是自己也不过是行魂一具，待这肉身朽坏之时，也是他的神思遨游宇宙万仞之日。

① 史铁生：《务虚笔记》，北京：人民文学出版社 2011 年版，第 68 页。

第二章　来到人间

　　心理学家阿德勒说，在一个人的成长历程中，学校处于家庭的延伸地带，孩子初次上学时，他即将面临的是社会生活的一种新试验，这种考验会揭示他成长中的各种错误，在新的环境中，他必须重新自我定位，必须学会在一个比以前更为广阔的场合里与人合作。如果他在家里受到宠爱，也许他就不愿离开受到庇护的生活，加入其他孩子的行列，进而对学校的生活不感兴趣，因为他始终不由自主地沉浸在自己的小世界里，外界的环境对敏感的他来说有时是一种打扰和挫伤。

　　史铁生从小在家人的呵护关爱下长大，因为是独子，他比同龄人得到了更多的爱，也因此比同龄人对于爱的感受更为敏感，这也许无形中培养了史铁生对于文化艺术的感悟心智。总体来说，幼年是一段令他终身怀念而终不可复得的幸福时光。待他长大到需要走出家庭这个小单元的时候，成长并没有给他带来应有的喜悦与兴奋。甚至在一开始，他就没有期待过成长所可能带来的欣喜，人是被抛到这个世界上来的，对于孤独的特殊领受能力，令史铁生更加警惕成长可能带来的每一寸改变。

第一节　初味孤独

　　史铁生走出家门，来到社会的第一站是幼儿园，这里留给史铁生的记忆是过滤了儿童欢乐场面后的沉思——关于人性的思索。回忆，除了是重温生活表象，还有时是重新梳理一遍从前的心路。回望那段心路，儿时的史铁生早慧且孤独。第一次独自面对他者，离开了家人的偏袒和保护，小小的他第一次意识到："在这纷纭的人间，自己简直无足轻重。"①

一

在他关于幼儿园生活的文字里，他似乎永远是一位旁观者，带着孤寂的影子，冷眼旁观着周围对他来讲乱哄哄的一切。在小朋友们的一次游戏中，史铁生被老师冤枉，并因此当着全班同学的面被勒令去走廊罚站，在其他同学们都坐在教室里上课的时候，独自一人站在外面的他，心里委屈着在窗纸上画上了惩罚他的老师的头像，并写下了老师的名字。这段委屈的经历增加了史铁生对集体生活的排斥，更倾向于回归原有的舒适圈，当一个孩子要逃避学校回归家庭，在这个时候教师所能做的是"必须做母亲应该做的事——和孩子联系一起，对他感兴趣……教师绝不能对严厉或者惩罚感兴趣"②，遗憾的是，史铁生的老师没有在此时做一个适当的引导，此后史铁生就告别了幼儿园，表面的理由是马上就要上小学了，其实用史铁生自己的话说，是不敢再见那画满幽怨的窗棂。每个儿童都是独立的个体，有正在建构中的宝贵人格，有需要被尊重、被倾听、被爱的心理需要，当老师为了教育"犯错"的孩子，让其他孩子孤立他，所得到的效果很有可能会是：在孩子们没有孤立他之前，他早已将自己孤立了。当老师对待学生的方法是批评和惩罚时，这只会让他有充分的借口来逃避学校生活。

后来到了小学，在本该天真无邪的少儿群体中，敏感的史铁生却第一次领略到人性的可怕和在集体中的无所适从。在人群里，他似乎永远属于沉默的大多数，但对周边环境的感知从来没有中断，他总是善于从嘈杂中看出深埋于人性中的不堪。看似是后知后觉的成人回忆，但其中确实雕刻着史铁生成长过程中的心路印痕。张爱玲在回忆幼年时说："小孩不像我们想象的那般糊涂。父母大都不懂得子女，而子女往往看穿了父母的为人。我记得很清楚，小时候怎样渴望把我所知道的全部吐露出来，把长辈们大大地吓唬一下。"③ 对人性有犀利认识的张爱玲的自我见证，同样适用于史铁生，也在相当程度上适用于所有被低估了的孩子。

史铁生多次在文章里提到"那个可怕的孩子"，这个孩子是史铁生越不过

① 史铁生：《病隙碎笔》，北京：人民文学出版社 2011 年版，第 26 页。
② ［奥］阿尔弗雷德·阿德勒：《自卑与超越》，吴杰、郭本禹译，中国人民大学出版社 2014 年版，第104 页。
③ 张爱玲：《流言》，北京：十月文艺出版社 2012 年版，第 109 页。

去的一个心坎，也可谓是他来到人间后所遭遇的第一个疑难。即使在长大成人后，每当想起，史铁生仍然心有余悸。这个孩子代表强势的一端，他令史铁生看到，在强大的异己面前，个人不得不放弃自我主体性转而去屈从、逢迎，儿童的谄媚与成年人的差别只在于比他们做得直率。人性中的罪恶从来就没有放过任何一个可能彰显的机会，童真因为无邪，反而更容易成为罪恶滋生的沃土。儿童的一言一行是对成人的模仿，未泯的童心背后是不受规束的人性，在行恶时反而可能比成人更加肆意、无所顾忌。

这位"孩子"是他刚读小学时遭遇的同学，并令他望而生畏，这个可怕的孩子代表着强权的终端，他的手上拥有无理性可循的可怕权威，幼小的人性在他的淫威下，时时冒着被孤独侵蚀的危险。这个"可怕的孩子"令史铁生的孤独在人群里更为突兀，人生而孤独，对这种状态的认知，对于一个饱经世事的成年人来说也许理所当然，但是对于一个希望被认可的儿童来说，人为的隔离所带来的孤独，对他来说不免残酷了些。在史铁生的回忆里，这个矮小瘦弱的孩子，有一种天赋的诡诈——只要把周围的孩子经常地排一排座位，他凭空地就有了权力。

"就儿童在所有重要功能方面无法照顾自己而言，与他人交往便是儿童生死攸关的大事，陷于孤独势必是对儿童整个生存的最致命威胁。"儿时的史铁生虽然沉默寡言，却不乏为生存而需的应变，史铁生试图逃离被这个孩子隔离的困境，因而学会了谄媚。他用新买的足球去贿赂那个"可怕的孩子"，并很快得到了他的青睐，重新融入人群。虽然目的达到，可是所带来的是灵魂里更加凌乱的不安。同伴对他的再次接纳并没有驱散他内心的孤独，一旦独处，他再也无法面对"丑陋"的自己。孩童史铁生的困境是成人生存困境的折射，体现了看似壮大的集体在抵御个体孤独时的无能为力。人总在试图融入人群来寻找孤独的慰藉，而这样的代价是更加远离那个本真的自我，因而只会陷于越发孤独的境地。

孤独侵蚀着小小年纪的史铁生，他试图掩盖孤独，反而误入歧途。就像一般成人所做的那样，在私人或社会关系的肯定与认可中，在集体娱乐与社交中，孤独欲盖弥彰，如影随形，且更加照见个人的羸弱。与偌大的宇宙相比，人们太微不足道了，在如此浩大的宇宙中似乎没有任何东西在某种程度上既能淹没人，又能使人重新获得信心。那些人与人之间的算计，那些人无法理解的力量，是完全不可抗拒的。那么，究竟有没有我们可依赖的东西？"我们虽已陷入幻觉的泥潭中，但其中尚有一样真东西，那便是爱。此外什么都没有，完全是空。"①

二

在个人的孤独里，"人，看起来，对他自己是个陌生人；因而必须发现或重新发现他是谁，他的意义何在"②。然而如尼采所言，一个人却只能体验到他自己，即使"哲学家们的一切体系都不过是他们各自的个人表白而已"③。不过值得欣慰的是，人类是最有勇气的生物，可以凭一己之执念穿行于这险象丛生的人间，即使历经游离纷乱，仍可以凭个人的信念继续活下去。在孤独里，行经世俗人间，史铁生的信仰之路经历了从自我摧毁到自我重建的过程，本着尼采的"人必须不依赖任何宗教的或形而上学的慰藉而生活"的理念，史铁生怀着一颗入世的心，如查拉图斯特拉一样，选择离开隐居的精神之所，"宣布他要下到人群中间来，'再次成为一个人'"。但是这种融入，就像"红日沉没入地平线下的黑暗中一样。但是，红日西沉，为的是再生出第二天清晨，像一尊年轻而辉煌的神"④。尼采认为，人的最高价值已经失去了价值；为了取代这些最高价值，他所能提供的唯一价值就是力量，这种把自然和社会看作是可以控制和征服的思维方式，只能够以对力量的颂扬而告终，我们必须寻找别的方法来纠正这种对力量的颂扬而导致的偏激和冰冷。

与查拉图斯特拉对爱的警醒与抵制不同，同时也有别于尼采的力量意志论，由个体经验出发，史铁生承认终极之处的虚无，但是立于存在之本，他认为对虚无所带来的孤独的最终救赎，是怀着普世的爱，用真诚去倾诉，因此沟通成为他"至死的欲望"。

威廉·巴雷特在《非理性的人》中说："人，看起来，对他自己是个陌生人；因而必须发现或重新发现他是谁，他的意义何在。"史铁生一生都在通过写作来达到沟通和确认自我的目的，虽然青年时瘫痪的重创曾令他几次想要轻生，但在重建自己对这世间的信仰过程中，他呼唤用爱来润化被孤独侵蚀已久的心田。他认识到孤独的不可稀释性，决定了人们对爱的永恒期待。周国平说，孤独之不可消除，使爱成了永无止境的寻求。在这条无尽的道路上奔走的

① 张爱玲：《流言》，北京：十月文艺出版社 2012 年版，第 96 页。
② ［美］威廉·巴雷特：《非理性的人》，段德智译，上海：上海译文出版社 2012 年版。
③ ［美］威廉·巴雷特：《非理性的人》，段德智译，上海：上海译文出版社 2012 年版，第 238 页。
④ ［美］威廉·巴雷特：《非理性的人》，段德智译，上海：上海译文出版社 2012 年版，第 249 页。

人，最终就会看破小爱的限度，而寻求一种普世的大爱，或者——超越一切爱，而达于无爱。史铁生在爱的路途上，怀着永恒的寻找，赋予爱以永恒的使命。他呼唤人类能够靠着爱，去避免一切不堪的自相残害，因为人类得以存在的最美注解是因爱带来的原谅、倾听与宽宥。

在史铁生和其夫人的作品里均出现过一个关于小号手的故事，据其夫人陈希米的记载，史铁生在读完这个故事后落下了眼泪。这则故事的梗概是年轻的小号手被征出战，回来后发现昔日的爱人已成了他人之妻，因为爱人从他人处听说他已战死沙场，才另择夫婿。伤心的小号手只有离开家乡，在去往异乡的途中哀伤地吹起自己的小号。有一次，他流落到一个国家，国王听到了他的号声，并听闻了他的故事，对他充满同情，只是国王没有像那些俗滥的情节所习惯设置的那样许他以荣华富贵，而是让他有机会将自己的号声吹奏给全国的人听，一遍又一遍，如怨如诉，号声中的幽怨、哀伤随着被演绎次数的增多而日渐淡泊。在倾诉中，沉重的肉身终于得以释放，而变得轻盈。他的号声也因此逐渐变得欢快、嘹亮而生机勃勃。国王是聪明的，相比于外在物质的给予，精神上的陪伴与倾听更为可贵。

第二节　遭遇"叛徒"

弗洛伊德的"童年阴影"理论认为人的创伤经历，特别是童年的创伤经历对人的一生都有重要影响。而这些创伤，因为人的自我保护机制，大多被压抑到潜意识区域，虽然人们在成长过程中认为它已经不在了，但一不小心被某事触动，它还会跳出来，让人难以真正解脱。而潜意识一般都是在意识压制下的，比如欲望虽然支配我们做了很多事，但我们的意识总是会对它进行压制。在写作所能提供的自由疆域里，史铁生反复在一些文本中引用关于童年的细节，比如在史铁生的文本中被反复引申和讨论的一个事件是关于叛徒的，这与他本人的童年记忆不无关系。

一

儿时在同其他孩子的游戏中，史铁生充当了一次叛徒。这成为他不能放过的一个记忆死结，他将自己关于叛徒的几种叛别性质的思索植入文本中，在《"文革"记愧》《钟声》和《中篇1或短篇4》等文中都可以见到他对此孜孜不倦的探寻。长篇小说《务虚笔记》和《我的丁一之旅》更是将对叛徒的论述铺排成章节，在《务虚笔记》的《葵林故事》这一章节里，女人为了掩护爱人被俘，在狱中她叛变招供，因此成为众矢之的的叛徒。无论狱中的她多么无奈，有怎样的难言之隐，她终究是背叛了信仰，此后余生于她来讲都成为漫长的弥留。因为在众人眼里，她是叛徒。史铁生没有刻意为女人的叛变寻找不得已的理由，他认为女人可能就是因为意志薄弱，经受不住严刑拷打、不堪凌辱而屈从于皮鞭，或者为了保护亲人不受株连而含泪背弃信仰，无论哪一种原因无不在证明，她的所谓信仰并不能够令她甘愿誓死维护。这也是对强大意识形态的质疑，在人性面前，宏大而强悍的外在世界所强加给个人的信念，看似坚不可摧，而一旦在危难面前便羸弱得不堪一击。这是意识形态强制结果的失败，而非人性不堪试探的可悲。

从尊重人本身的角度出发，史铁生认为在试探面前，人应该忠于自己的内心，内心里的一切必会胜过任何冠冕堂皇的立场和主义。习惯意义上的叛徒往往是误会的产物，而误会则是出于立场。立场的选择，往往受制于所处的强大意识形态。在强大的异己面前，柔弱的个人，不得不噤声退后。这种意识总是让人联想到史铁生青年时所经历过的那十年"文革"，其中的一些闹剧，大半就是因为立场而引起的，立场扮演着强权者的角色，让人无法依从内心、依从真理、依从自然，说穿了立场就是党同伐异，顺我派者善，逆我派者恶，不需再问青红皂白。

史铁生之所以如此不厌其烦地反复论说关于叛徒的这个主题，即是呼吁在那个黑白轻易便可颠倒的时代做过叛徒，或者正受着质疑和谴责的人：即使外人可以肆意去贬抑你，而你自己所能做的却应该是忠于自我，不能因外在价值理念横加给自己戴上的枷锁而自轻自贱。通过不知疲倦的思索，史铁生对叛徒的定义进行了非常缜密的推敲："如果被敌人说服相信自己错了，悔过而叛变，只不过是，'改变信仰'，如果经不起金钱美女的引诱，那就证明原来就谈不上信仰，只是由于实利考虑，例如可免一死，如此的叛变，才是真正的叛变。这样的叛徒会落入精神痛苦而万劫不复。"[1] 恐惧令人们因失去知觉而麻木。若想重获激昂的血性，也许只能回到生命出发的地方。

史铁生的小说中有些人物一直在寻找，寻找生命启程出发的地方即童年。《钟声》里的人物寻找的太平桥，即史铁生本人出生的地方，后来他说那个叛

---

① 赵毅衡：《神性的证明：面对史铁生》，《当代作家评论》，2001 年第 2 期。

徒就是他自己。坐在轮椅上的史铁生，为何这样给自己施以漂泊的重刑？这与他坚持对自我的诚实息息相关，史铁生不放过任何一个可能令自己的心地受污染的试探，他对这世间的赤子之心是那么明净，在常人看来完全可以忽略的瑕疵都会被他铭记终生，不时拿出来忏悔，以作警醒。

《务虚笔记》中女人所受到的酷刑和隔离，是他庆幸躲过的劫难，"感谢命运，那个忍受酷刑和那个忍受不住酷刑的人，刚好不是我"[①]。"几十年中很多危险的时刻，我记得我都是在那样的庆幸中走过来的。比如在那个八月我的奶奶被送回老家的时候……我就已经见过我阴云密布的心在不住地庆幸，在小心翼翼地祈祷厄运不要降临于我。"[②] 他的原罪来自少年时在心理上对亲情的背叛，而面对这种背叛，他自责的同时，仍伴着对时代的浅浅怨怼与思索，轰轰烈烈的时代巨轮碾过的不只是青春的容颜，更是成长中本该轻盈的少年心，因为时代曾陷年少的他于两难之境。

二

史铁生在奶奶膝下长大，奶奶的慈祥与良善构成他世界观的底色。史铁生的爷爷是旧时代的地主，他的奶奶背负着地主婆的恶名生活在新社会。她为人谦和、心地善良，却并不能抹杀这种先入为主的社会偏见。在史铁生读小学期间就一直为这个事情内心矛盾纠结，奶奶的身份被他当作一个可耻的秘密藏在心里，史铁生是这样来回望那时的心路历程的："有好几年，我心里总像藏着个偷来的赃物。听忆苦报告的时候，我又紧张又羞愧。看小说看到地主欺压农民的时候，我心里一阵阵发慌、发闷。我也不再敢唱那只歌——'汗水流在地主火热的田野里，妈妈却吃着野菜和谷糠'。过队日时，大家一起合唱，我的声音也小了。我不是不想唱，可我总想起奶奶，一想起奶奶，声音就不由得变小了。奶奶要不是地主多好啊！"[③] 虽然那段时间家人都小心翼翼地保护着奶奶，但是对奶奶的感情难以再像以前那般亲密，平时慈祥无声的奶奶，仿佛一下子成了大家心中羞于示人的一块伤疤。

读中学时，住校的史铁生听说奶奶被送回老家以避风头了，史铁生感觉自己松了一口气，因为奶奶不在了，就不会有人知道他是跟着奶奶长大的。之前他一直很怕班里的红卫兵知道这一点而算他是地主出身。关于这一点，我们无

---

① 史铁生：《务虚笔记》，北京：人民文学出版社 2011 年版，第 262 页。
② 史铁生：《务虚笔记》，北京：人民文学出版社 2011 年版，第 262 页。
③ 史铁生：《命若琴弦》，北京：人民文学出版社 2011 年版，第 180 页。

从苛责少年史铁生的顾忌，由于这种出身带来的隐痛一直潜隐在他的成长过程中，这令他在集体中很难直视大家的眼光，他变得更加孤独、缄默。但是史铁生并不是一味只求隐忍保全，少年时的沉默只是对这个初来乍到的世界的观测，它的法则，他还不懂，只能是谨小慎微地遵行。待他略懂了些历史，且自身也经历了上山下乡等一系列变故后，他终于敢承认，他是被奶奶带大的，他爱奶奶，并且忘不了她。"现在，在任何场合，我都敢于承认：我是奶奶带大的，我爱她，我忘不了她。"① 这种勇敢是他的成人宣言，也是他对曾经那个唯唯诺诺的自己的一种告别。

三

《奶奶的星星》写于社会意识形态相对宽松的 1983 年，在这样的时代，作者终于敢于面对奶奶，同时清算了过往那个懦弱的自己。但这种勇敢又不得不令人悲怆，作者也说，现在毕竟不是过去了，如果现在依然是过去，对于亲情的认知，史铁生还会有这种坦然无畏吗？即使成年后有了独立的意识和思考方式，对历史和现今有了更为清楚的认知，人的意识依然被社会体制禁锢着，在有限的自由空间里，努力维护着那一寸独立的自我空间。

但令人欣慰的是，单纯从人性上讲，承认奶奶的爱与存在，是揭开童年伤疤的开始，童年是出发的地方。"世界给我的第一个记忆是：我躺在奶奶怀里，拼命地哭，打着挺儿，也不知道是为了什么，哭得好伤心。"② 只有在奶奶的怀里，他才能够肆意哭闹嬉笑，也是在奶奶的爱与期待里，那个蹒跚学步的孩子开始他在这世间的寻找与丢失。是奶奶的母性情怀照耀史铁生日后的人生路，为他的人生涂上了一层温暖的底色，这底色是家的颜色，无论心魂迷失多远，这个家永远在召唤他的归程。每一个活过的人，都能给后人的路途上添些光亮，也许是一颗巨星，也许是一把火炬，也许只是一支含泪的蜡烛……奶奶离去后，夜空似乎又多了一颗璀璨的星星。它用爱所散发的光芒，照亮史铁生前方的路。对于浩浩荡荡而又终归于平寂的运动，史铁生有着自己绵绵不息的思索，在《奶奶的星星》结尾，史铁生语重心长地写道：人类浩荡前行，在这条路上，不是靠的恨，而是靠的爱……因为恨在人性的情感领域里只是一种本能体现，好比动物的生理反应，是人的社会性所产生的防范，这是必要的，但是

① 史铁生：《命若琴弦》，北京：人民文学出版社 2011 年版，第 197 页。
② 史铁生：《命若琴弦》，北京：人民文学出版社 2011 年版，第 168 页。

绝不代表思想的结果。只有当恨转向了爱，追随于爱，象征人类本质的思想才会诞生，爱不是本能，爱是智慧的象征，同时也是一个社会文明的标志。

第三节　差别与自卑

1964 年秋，史铁生考入清华大学附属中学（初中），这是一所重点中学。清华附中起初是为方便清华大学教职工子弟就近入学设立的一所中学，历史悠久，可追溯至 1915 年。

一

清华附中的学生一向被人称为"三高"子弟，即高干、高知、高薪，他们大多生活在"大院"。史铁生的父母只是小知识分子，且他从小成长在胡同里，这些"大院"里的学生不大看得起这些胡同里的同学，在史铁生的小说中，他们在新社会以"我们"自居，史铁生则因他的家庭出身被边缘化为"你们"，史铁生在《务虚笔记》《我的丁一之旅》中多次借助主人公被排挤的心理世界来折射自己那一段心路历程，被边缘的身份令史铁生长期无所适从，"看见自己被局限在一个小小的躯壳中，而在自己之外的世界是如此巨大，人群是如此庞杂，自己仿佛囚徒"①。青春期把正在成长中的孩子带入新的情境，接受新的考验。他们会觉得自己已经接近生活的前线了，对每个孩子而言，青春期中最重要的一件事情就是他必须证明他已经不再是个孩子。在时代主流意识的煽动下，青年学生怀着狂热的个人崇拜，甘于降服在某一强势话语所规范的集体麾下。弗罗姆说，"如果个人找到了满足这些受虐冲动的文化模式，发现自己与数百万有同样情感的人联为一体，他就会获得某种安全感"②。在集体中，他再也不用怀疑自己生的意义或他是谁，他通过对于集体意识的盲从看似得救了，他的自我消失在一个更强大的整体之中，他的生命意义及自我的个性便由它决定。

史铁生虽然沉默却有着清醒的时代意识和历史眼光，他虽然有渴望加入集体的愿望，但是当发现这个集体的盲目时，他便与他们保持了适当的心理距离。他相信混乱的根源是秩序与法律的缺失，而最为根本的缺乏是"爱"，爱

---

① 史铁生：《病隙碎笔》，北京：人民文学出版社 2011 年版，第 26 页。
② ［德］埃里希·弗罗姆：《逃避自由》，陈学明译，北京：工人出版社 1987 年版，第 109 页。

能弥补人与人之间的一切差别与罅隙，一个阶级分层鲜明且没有制度保障的社会，最终所引来的只会是阶级仇恨。

在阶级层次中，史铁生所处的群体被看作摇摆的、可以改造的一个群体，同时他们也是被侮辱和被歧视的对象，他也乐得做一个"逍遥派"，这个逍遥派的特点是政治意识淡漠，自由散漫，有文化追求，讲究生活品质，成为旁观者和"零余人"。因为史铁生厌倦任何的站队划线，时隔多年后，他在一首奥运歌曲中听到"我们是世界，我们是孩子"的歌词时，他才恍然而悟"我们"在那个期间一直是被误读的。在新的时代，在充满爱的集体中，"我们"终于不再是阶级立场的代名词，在这个群体中，人们不分种族与肤色、国籍，于整个地球，大家都是赤子一样的孩子。于是飘荡在宇宙的孤独心魂，于苍茫之中终见一处光明和一缕温暖。

但是回归到成长现场，在少年史铁生的内心中，"我们"所代表的出身和门第都是"你们"和"他们"这些群体所向往的阶层，即使后来他们一一成为被批斗的靶子，但在少年的心里，"我们"依然是令人向往的一群，在《我的丁一之旅》中，作者通过少年丁一的尴尬很真切地折射了当时一部分少年的心态，包括他自己的复杂处境。在小说里，一场批斗会中，年少的丁一看着好友的父亲们一个个成了"我们的敌人"，他们是高干、革命军、教授、专家、名人，并排接受批斗，耻辱却又内隐着阶级的荣耀。而丁一的父亲，则在人群的边缘，默默地推着饭车给大会送午餐来。此时的丁一无比羞耻，他宁愿自己的父亲是站在台上挨斗的一位，也不愿他在台下埋头为别人盛饭。本该是值得儿女寄托安全感的父亲形象，在另一种人群的衬照下，竟显得潦倒不堪。

二

有一种卑微是永生永世的，有一种蔑视根深蒂固，有一种无恶之罪是生来注定！差别，并非令人难以承受，只是由它产生的歧视才令人无所适从。于是灵魂在由自卑而起的伪饰中受到逼迫。

在《插队的故事》中史铁生描述了红卫兵以正义之名进行的各式各样活动，他们会以革命肃清之名闯入他人家中肆意烧毁书籍、手稿，污辱和殴打主人及家人，所有这一切都号称"破四旧"。这种破坏性行为，"使他们的同学，那一大批与他们同龄的，出身不像他们那样'响当当'的青年感到压抑，因为他们也是要造反要革命的"①。史铁生坦言自己当时很想加入红卫兵的队伍，但因为出身不好，被清除了出去。他曾跟着几个激进的同学到清华照澜院抄老右派的家，只是把几个花瓶摔碎，没别的可抄。于是有个同学提议把老教授头发剪成羊头。后来几个高中的同学过来，要求把非红五类出身的人全从抄家队伍中清除出去，于是史铁生他们被清除了出去。在"文革"第一年，年少的史铁生还向母亲要了15元钱去参加串联，途经南京、上海等地，颇为讽刺的是，这段本该壮志昂扬的经历，留在他文字里的却是关于当地美食的短小记忆。在"六亿神州尽尧舜"的年代，宏大的历史事件往往与小人物的生活毫不相关，这也正说明，在一如既往的时间之河里，默默流淌的是个体日常的切肤悲欢，与时代无关，与宏大主题无涉。历史的所谓真趣，往往系牵在小人物的个人悲喜上。

三

在《务虚笔记》中，关于童年之门的命运隐喻，史铁生写道：你推开了这个门而没有推开那个门，要是你推开的不是这个门而是那个门，走进去，结果就会不一样。而这种不一样的结果便是差别的产生，人与人之间不再赤诚相见。小说中画家Z的人生观、价值观的建构，与他所推开的童年之门息息相关。出身贫寒的他推开了那所高贵大房子的门，在这所房子里他遭遇的身份歧视成为他刻骨铭心的记忆，这番经历成为Z的人生转折。他发誓要力争上游，成为人上人，把那些曾经贬抑过他的人狠狠踩在脚下，他也确实做到了。然而曾处于差别低端的他，即使成为一名看上去高雅的画家，在造访的外国人面前，他仍然无法直视自己贫苦的出身和成长经历，他用英语将自己看上去粗鄙的母亲介绍为女仆。自卑，源于生来就注定的原罪，令人无法释怀，即使通过后天的努力过上了上等人的生活，那些一生下来就跟随着的如基因一样的阶级差别无时无刻不在提醒Z，出身是永远无法抹去的烙印。

人是社会性动物，其一生的际遇是主观与客观环境双重作用产生的，敏感自卑的Z恰巧生活在一个以阶级论英雄的时代，强烈的自尊促使他用余生爬到荣耀的最上端，去俯瞰曾经歧视过他的人们，但是这并不能治疗成长与社会所加给他的创痛。一个人的孤军奋战即使积攒的是无与伦比的财富和名誉，却始

---

① 定宜庄：《中国知青史：初澜（1953—1968年）》，北京：中国社会科学出版社1998年版，第449页。

终不能帮他克服心灵深处的孤独。阿德勒说："我们生活在与他人的联系之中，假如我们因自卑而将自己孤立，我们必将自取灭亡。"① 在孤绝的自我奋斗中，Z 即使得到了矢志不渝的爱情，在他看来那只是一份战利品，无论在梦中游走还是在现实中穿行，他时刻不忘的依然是阶级差别带给自己的冰冷记忆。他要向那些曾经歧视自己的人报仇并且证明自己。说到底，他风光的艺术生涯，只是他为自己压抑童年寻找的出口。

四

　　因差别而生的各种辛酸与人性的不堪固然令人叹息，但史铁生同时承认，一块没有差别的世界将是一潭死水。他排斥没有人性规约的差别，呼唤人因差别而奋起的积极进取精神。画家 Z 固然有童年阴影，但不可否认的是，也正是这种童年的不快记忆，成为他奋发的原动力，因此给他带来事业上的成功。但相比较日日被这阴影所煎熬的岁月，他作画时，构思时，思想背景永远是童年那所大房子。"他心里需要童年，需要记住童年的很多种期盼和迷思，同时就会引向很多次失望、哀怨和屈辱。他需要这样，这里面有一种力量"②，这是残忍的力量，摧残人性的力量，当然也许社会的前进，同样需要这样一种由耻辱的记忆所带来的力量。但对大部分人来说，这并不是唯一正确的选择。

　　大房子里那枚白色羽毛，在画家 Z 的天赋视角中，显得那么孤傲、飘逸，它像无声的信仰，看着它久了，人的忧郁会得到释放，孤独会得到赞美，它是孤独的陪伴，是执着的梦想。余生中 Z 都在复刻它，用画布上的色彩，用孤绝的行为方式。但是他与它之间始终隔着一层，那是一开始就存在的差别。少年时同伴的姐姐在那所大房子里看到他时的惊讶和嫌弃构成他屈辱的内核，"怎么你把他带来了""你怎么带他们进来？"这些刺耳扎心的话时常环绕在 Z 的耳际，作为"他们"是 Z 永远也摆脱不了的阶级烙印。

　　其实自卑情结潜伏在每个人心里，这表现在人们对自我现存状态的不满足，因此人们希望自己所处的位置能够加以改善。最正面的对待自卑感的方式是，一直保持勇气，以直接、实际而完美的方法去改进环境，Z 似乎做到了，通过努力，珍惜天赋，改变了原来的阶级处境，只是事业上的成功并没有帮他摆脱自卑感。时间久了，自卑早已变成他精神生活的底色，它时而会造成紧张

---

① ［奥地利］阿尔弗雷德·阿德勒：《自卑与超越》，魏雪萍译，汕头：汕头大学出版社 2009 年版，卷首语。
② 史铁生：《务虚笔记》，北京：人民文学出版社 2011 年版，第 398 页。

与不适，为缓解紧张，无时不在的自卑促使他去争取获得优越感。这种优越是由自卑而致的自大，他不惜将自卑带来的怨愤投注在了爱他的人身上。

他把爱人 O 给予的爱当作对这世间征服的勋章，Z 那自卑而来的骄傲践踏了 O 奋不顾身的爱情。爱情产生的基本条件是男女双方的投入，Z 没有在这段关系中投入过，他从来没有脱离过自我，或者更确切地说，他永远活在九岁那年的某个黄昏。他以一颗少年的雄心步入成人社会，即使可以左牵黄、右擎苍，对这世间，也依然是一颗敏感自卑的少年心。有很多人将自己成年以后的遭遇归咎于童年，归咎于所处的时代，然而实际上，任何人的成长过程都会遇到一些坎坷与挫折，有的人选择被动承受，然后任自己被灾难打败、涂抹，有的人则是奋而向上，争取与他人合作，克服它带来的困境，那么无限的时间也就不再是无限的冷漠。

在 Z 绵延孤绝的心路上，从未梦想过世间不再有自己遭遇过的冷淡、怨愤，也从未希冀过失望和傲慢的心灵都能够互相贴近。他注定将在冰冷的余生里，孤独地舔舐童年的伤痕。

借由 Z 的心路和经历，史铁生让我们看到如果一味对这世间怀有怨恨，将会永远让自己与世间的温暖与爱相隔，人无论长于什么样的社会环境，或者遭遇过何种创伤，都应该尽力让自己带着对爱的期盼和践行去释放沉重的肉身。但是"爱"确实艰难，它是一种心愿，一旦发出就有可能遇到无数个疑难。他人是天堂，他人更可能是地狱。爱愿遇到的可能是刀剑，是冷漠，是语言设置的迷宫，是无始无终的陷阱与罗网。爱的艰难正在于如何抱着一颗九死其犹未悔的心，百折不挠，勇往直前。

第三章 绵延一生的黄土地牵挂

第一节 下乡前后

早在 1942 年的延安，毛泽东在《在延安文艺座谈会上的讲话》中，提到自己对工农与知识分子的态度转变时说，在所有阶级中，"最干净的还是工人、农民，尽管他们手是黑的，脚上有牛屎，还是比资产阶级和小资产阶级、知识分子都干净"①。到了工人农民当家做主，工农阶级利益至上的新社会，中央发出了"农村是一个广阔的天地，在那里是可以大有作为的"② 召唤，当然去广阔天地大有作为的前提，是整个大环境对知识文化的尊重，促使知识青年能够用所拥有的先进文明去影响农民，同时农村的建设也需要人才引进，那么知识分子的价值才能得到最大限度的发挥，但是还处于农耕状态的农村，面对大量涌入的青年，当务之急是如何安置他们的口粮这一基本难题。而知识青年在下乡后的首要任务则是"接受农民的改造，是把自己本来具有的优势，把自己在学校学得的文化作为被改造甚至被抛弃掉的对象"③。除此之外，号召城市青年上山下乡，更为长远的考虑是降低工业化所付出的代价以及早日实现农业现代化，以及加强边疆的防卫力量。在新中国成立初期的小知识分子主要指中小学毕业的青年，这种文化水平可以使他们胜任农村里的会计、技术员等工作，正

---

① 毛泽东：《在延安文艺座谈会上的讲话》，北京：人民出版社 1975 年版，第 7 页。

② 《中国农村的社会主义高潮》卷二，第 795 页。转引自：［法］潘鸣啸：《失落的一代：中国的上山下乡运动（1968—1980）》，欧阳因译，北京：中国大百科全书出版社 2010 年版，第 42 页。

③ 定宜庄：《中国知青史：初澜（1953—1968 年）》，北京：中国社会科学出版社，北京，1998 年版，第 307 页。

在建设的农村正缺少这样的基层人员，对于这部分人员的下放在一定程度上也缓解了城市的就业压力。

一

1967 年，16 岁的史铁生拿到了清华附中 64 级的初中毕业证书。1969 年，他与同班另外 20 人，一起被分配到延川县关庄公社关家庄大队。1 月 13 日，他们从北京出发前往延安地区，17 日，到达关家庄。

去延安下乡前，史铁生他们并不知道自己还会有返城的那天，他们所有人都觉得自此就会扎根农村。但史铁生的积极性很高，为此还提前参加了街道办的"红医工"培训班，学会了针灸和诊治头疼脑热的一些基本医疗技术。下乡后他与好友孙立哲等人一起访贫问苦，拿着《"赤脚医生"手册》给老乡看病。关于那段岁月的共同记忆，是苦乐酸甜、喜忧参半的。因为共同的记忆，日后无论走到哪里，他们似乎都有了一种默契，"不管在哪儿，咱们找一块不碍事的地方坐下——再说那地方也清静。'您哪届?''六六，您呢?'……陕北，延安。这就行了，我们大半身世就都相互了然。这永远是我们之间最亲切的问候和最有效的沟通方式，是我们这代人的专利。六六、六七、六八，已经是多么遥远的时代"[1]。

在知青群体中，有的人很怀旧，退休之后还回到当年插队的地方，因为那是青春所在，有的人则完全不想去回忆，觉得被扔到那么一个穷乡僻壤的地方改造地球，最后是被土地改造得后退了几年，回城还要再次面对渐渐陌生的环境去与他人竞争。

插队生活给不同的人以不同的记忆方式，一些知青作家在书写插队过的乡村时，"他们最初便离开为社会政治事件做出裁决的视角，而从'民间生活'中提炼有生命力的人性品格，作为更新自我和社会的精神力量"[2]。但插队过的乡村往往被赋予了太多传统期待，因此它们往往成为作家笔下对国民性批判的阵地，普遍被塑造成为苦难与伤痕、丑恶与痛苦的承载，"乡村不但是营造主人公人生悲剧的场所，其本身亦被沦为了罪恶与丑陋的渊薮"[3]。

---

① 史铁生：《我与地坛》，北京：人民文学出版社 2011 年版，第 207 页。
② 洪子诚：《中国当代文学史》，北京：北京大学出版社 2010 年版，第 271 页。
③ 贺仲明：《"归去来"的困惑与彷徨——论八十年代知青作家的情感与文化困境》，《文学评论》，1999 年第 6 期。

二

史铁生的《插队的故事》《我的遥远的清平湾》则脱离了时代悲壮与怨怼情绪，同时亦没有对苦难的轻薄，他以对人类普遍情感的爱为出发点，试图向内寻求人与外在环境的平衡。黄土地上的一切善恶在作者回忆的视角里变得柔和、温润，但这并不是过来人在回望过往时无关痛痒的抒情，其中泛含着史铁生深沉的普世情怀。史铁生1971年因病离开陕北，自此那块他待过的黄土地成为他一生的牵挂。无论是从友人的回忆还是他的文字里，都可以看出他对那块故土的拳拳赤子之心。

史铁生关于黄土地的主要作品有《插队的故事》《我的遥远的清平湾》《黄土地情歌》《相逢何必曾相识》《几回回梦里回延安——〈我的遥远的清平湾〉代后记》，除了这些集中表现记忆中的知青生活外，史铁生也常常在其他篇什或书信中提到有关插队的知青记忆。从总体上看，时隔多年，插队的记忆被史铁生涂抹上了一层温馨的暖色调，黄土地带给他的是不可抹杀的成长记忆，影响了他看世界的视角，同时也浸润了他的生命质地。

在去插队以前，史铁生与几个同样差不多出身的"灰五类"同学游荡在清华园，红卫兵所做的惊天动地的事没有他们的份。他唯一的一次参与抄家，是去一个清华教授的家，打碎了几个花瓶后，他们就被清除了红卫兵的队伍。之后几个年轻人常常去摸鱼，无聊时也会看看电影，史铁生则尽量找些"毒草"来读以打发时间。当插队的消息传来时，他们一开始是犹豫的，但是毕竟可以改变这种百无聊赖的生活模式。在小说《插队的故事》中，面对即将去远方的现实，"我"逢人便炫耀式地说自己要去插队了，理想主义加青春的浪漫，远方对青年的"我"来说是个诱人的地方，因此"我"对于即将背井离乡的事实并没有半点悲伤，带着小布尔乔亚的情怀，反而兴奋：与一群差不多大的男男女女一起，到遥远的地方做一点被意识形态所认可的正事儿，这终于令他有了时代参与感。但是大人们并不乐观，母亲开始叹气，开始暗暗落泪，好多别的家长也是此番消极态度。年轻如史铁生者只以为，好运气在等着自己，觉得新鲜、美妙的事在向自己走近。但是这绝不是少年布尔什维克情结的再现，在《插队的故事》中，"我"坦言，如果是去儒勒·凡尔纳的"神秘岛"去插队，积极性会更高。

三

当临行前知青与家人在车站依依送别的一幕发生时，"我"与李卓则对于周遭离情别绪充满揶揄，他们仿佛旁观者的心态，映照出西方文学中迷惘的一代解构生活、解构悲壮的影子。尼采"上帝死了""重新估定一切价值"的提出，对西方社会的解构主义提供了强大的思想动力①。在车站离别的一幕，可以看出这场轰动全国乃至世界的上山下乡运动的起点，在旁观者那里，不过是一场略显腻歪的离别表演。"车开之前，车上车下就有不少人在抹眼泪，只是没那么邪乎。那会儿我和李卓勾肩搭背在站台上瞎溜达，一边吃果脯；李卓带了一盒果脯，说不如这会儿给吃完算了。他不时地捅捅我，说：'快瞧，那儿又有俩哭的。'……我们在人群中穿来穿去，希望那些抹眼泪的人能注意到我们泰然自若的神态，同时希望抹眼泪的人不妨再多点，再邪乎点。"② 就这样，原本该是伤感的离别场景，在这两个当事者的眼中，无异于一场滑稽的表演，无从感受到半点离别的悲伤与当时的新闻媒介所渲染的豪情。

一行年轻人带着文字里所描述的诗情来到延安，透过汽车在绵延的黄土地上扬起的黄尘，他们看到诗歌里的宝塔山原来并没有那么巍峨，延河水也并非滚滚流淌，脑海中的诗意遭到了挫折，然而这还只是插队的第一场失落。当时走的时候很多人都是满怀希望，唱着歌、摇着红旗、戴着红袖章，好多人都是这样离开的，当他们到了的时候发现什么都没有，就是一片贫瘠的黄土。下了汽车，一行人在山顶上走，松薄土地上面插着稀疏的庄稼，他们才确知是被学校工宣队的宣传词欺骗了，于是个个心头沉重起来。犹疑、失望、悲观这些负面情绪在一开始是不可避免的，但在现实面前，这群城里来的孩子，终于重新打起精神面对新鲜而又严酷的每一天，在这片亩产粮食七八十斤还算上乘的贫瘠土地上，开始了他们喜忧参半的农耕生活。

四

作为知青，他们被乡民赋予一种文化期待，这份期待无形中使人产生一种身份优越感。环境固然是艰苦的，但是相比较在城市里的那种被隔离于主流意识形态之外的"灰五类"身份，精神上的优越感在一定程度上弥补了客观环境所带来的不适。带着参与意识，他们尝试用知识武装自己，正儿八经地讨论起生产力与生产关系。在《插队的故事》中，"我"带了不少的精装马列经典和文学、哲学名著下乡，满怀着理想要告别之前的生活模式，用知识武装自己以

---

① 朱立元主编：《当代西方文艺理论》，上海：华东师范大学出版社 2005 年版，第 298 页。
② 史铁生：《原罪·宿命》，北京：人民文学出版社 2011 年，第 58 页。

投入共产主义事业。在农村事务的参与中，这群年轻人却没少犯错，他们激进地反对小组分红，因为怕这样会产生私欲，主张一大二公，结果将关家庄搞成全川最穷的村。他们带头把村里的果树砍了，要种粮食。果树主人躲在窖里流泪，仿佛遇到了黄世仁。

然而，当这群知青感到回城的希望越来越渺茫时，他们才真正将自己的命运与农民的世界联系起来，与他们分享从城里带来的那点现代文明物，半导体与手表在这片贫瘠的土地上是那么稀罕和必需。知青在一起时的夜晚，很多时候靠抽烟来打发时间，不管会不会抽，人手一根，聊得兴奋，抽得也勤，直到把所有烟都抽光了，仍觉意犹未尽，史铁生也是在那时染上了烟瘾。有的同学还带去了自己的小提琴，黄土地上的夜常常在其略显枯涩的琴声中沉寂下去。

在《插队的故事》里，"我"的铁哥们李卓做了赤脚医生，并且医术越发精通，广受乡民的拥戴。如果对号入座，李卓的原型应该是史铁生的挚友孙立哲先生。孙立哲原名孙立喆，与史铁生同年考入清华附中，后插队成为延川县一带的赤脚医生。1974年，中央的文件中点了五个人的名字作为榜样，其中就有孙立哲，他与其他四位同被树为知青扎根农村的典型。1974年的知青会议，这份文件还得到了毛泽东的圈阅。但是福兮祸所伏，"四人帮"被打倒后，孙立哲被误认为与"四人帮"有干系，而被抓回延安坐牢。其间史铁生帮他出主意，联络各方朋友，写材料力证其清白，据朋友回忆，那时史铁生的家是"捞人"联络站，他帮孙立哲起草申诉书，还找熟悉的朋友出谋划策，这些朋友中，有赵振开、刘心武、柳青、陈建功等。史铁生和后来成为孙立哲太太的吴北玲每天商量着怎么递材料，后来通过重重关系，材料递给了胡耀邦。胡耀邦明确表示孙立哲是清白的，并联系到王震，王震于是下达指令要求延安当局立即释放孙立哲回京。这番历程对于涉世未深的年轻人来说，可谓惊心动魄，稍不留神都有可能功亏一篑，然而再回忆起来时，又令人唏嘘，个体不过是宏大历史涌动浪潮中的一滴水，无从自主，无从选择，只能随波逐流。史铁生后来将《病隙碎笔》赠送给孙立哲，并在扉页上写着，"立哲，第五章献给你"。简短的几个字，盈溢着朋友之间无需多言的默契与牵挂。

五

散文集《病隙碎笔》倾注了史铁生对于人生诸多形而上问题的思考和关怀，他以自己独有的言说方式，赋予作品以精神文化价值和永恒生命力。《病隙碎笔》的写作时间是在史铁生罹患尿毒症之后，虽然字里行间充满着病隙间的杂语，但在行文中看不到丝毫因病痛折磨的个体哀矜。史铁生在与疾病相互纠缠搏斗的过程里，加深了他对于生死和存在的思考，对于信仰、爱情和个体存在等诸多方面的疑问与参悟，透露出他的人本主义立场和普世价值观念，在此书的第五章，开头部分便是关于生命意义的考问："生命到底有没有意义？——只要你这样问了，答案就肯定是：有。"[1] 继而作者展开了对生命意义、爱情、信仰等一系列形而上问题的再一次延伸探讨，作者将此章献给立哲，想必是他们曾经有过的生之困惑，终于在四十不惑的年纪得到了应有的解答，而答案的给予者是时间。

孙立哲回城后，在史铁生家里养病，两人一起度了一生中最为低谷的岁月。史铁生刚坐上轮椅，孙立哲虽得到平反，但在别人都上大学、找到好工作时，他依然前途未卜。他们常常互相调侃，说两个人一起才合成一个健康的人。命运之神总是眷顾不曾向他低头的人，孙立哲后来考上了医学研究生，然后出国，开公司，现在是清华大学兼职教授；史铁生则凭着自己的笔，开拓出了一条文字之路。他们日后的辉煌离不开插队生涯所给予他们的启示，在黄土地上无法学习、充实自我的焦灼，令他们在后来更加珍惜机会，更加努力去追赶时间，弥补流逝的岁月。

第二节　黄土地记忆

史铁生作品的一个总体特征是富于哲思性，而有关知青生活的记叙是史铁生总体创作的一个例外，成就这段例外的一个因素，就是史铁生亲身参与这段过往。作为亲历者，他最有资格去追忆曾经亲历的现实，在追怀的过程中过往的感官得以复原，过往的一事一物都有了鲜活的气息，但是因为个人遭遇的突变，他又不能像许多作家那样对过往采取直视的态度：那个健康无畏的青年，怎么也没想到在不远的将来，他就要终生与轮椅为伴，而且由此他将要跨过无数道常人无法逾越的门槛。在跨进这道门槛之前，史铁生宁愿为自己最后的健康时光敷上一层轻柔的面纱，在这层面纱的掩映下，未来的不堪与磨难暂时远去了。

---

[1] 史铁生：《病隙碎笔》，人民文学出版社 2011 年版，第 99 页。

<h1 style="text-align:center">一</h1>

　　回城后，在给堂弟的一封信中，史铁生填了一首《忆江南》："延安好，何必忆江南。剑壑刀山学闯道，云涛雾海乍行船，革命在延安。"① 展望史铁生的毕生创作生涯，会发现唯有关于插队时候的文字，才最富有生活气息。那些文字读来流畅，活色生香，文字间满载着人间烟火气，给人一种现场感。无论是《插队的故事》，还是《我的遥远的清平湾》里面的生活细节都有迹可循，比如知青男女生一起做饭的情节，以及在洪水的时候捞上来一只死羊拿去做羊肉馅饺子等等。

　　史铁生在插队之前就知道自己是先天性骨髓裂，但是他没有因病躲避插队。只是在插队不久，他的身体越来越不济。在第一次治病回来后，为了照顾他，队里不再让他下地劳动，而是去喂牛。但喂牛是细活，需要牛耕地时才喂些粮食作为饲料，其他时间全凭吃草。为了让牛多吃草，史铁生每天很早就把牛带出村子，在外面一待就是一天，中间就着点干粮，饮点泉水就算是午饭了。有时吃完晚饭还要铡草，因为夜里得起来添一次料，天天如此。也因此，史铁生与牛，和一同喂牛的老汉，建立了深厚的感情。多年后，他自豪地称自己可以分辨出牛的品性优劣，"现在要是谁想买牛，我担保能给他挑头好的"②，这种扎根于实际的生活经验，令他在日后引以为豪。

　　在黄土地上，正值青春年少的史铁生，正面临着终生坐在轮椅上的悲剧现实。插队的日子里，凶兆像阴霾一样一点点地侵蚀着史铁生本该灿烂的人生图景。《我的遥远的清平湾》记叙了作者与劳动人民之间的深厚情谊，而文章中"我"在清平湾的生活线索基本是以"我"的健康情况来展开的。"清明节的时候我病倒了，腰腿疼得厉害……窑洞的窗纸被风沙打得'刷啦啦'响，我一个人躺在土炕上……"③ 那时的"我"只有二十岁，对于第一次离家，而且还离得这般遥远，在这种境况下，不免孤单得凄凉。在全村人都为温饱忙活却又终年难得饱食的情况下，队长给他端来了一碗白馍，年轻的"我"知道自己吞咽的不只是白馍，更是乡亲对他的关爱与祝福。看到他的身体越来越虚弱，朴实的乡民，提议让"我"喂牛，以此来减轻病痛。但是冬天的时候，"我"病得厉害了，腿忽然使不上劲儿了，回北京不久，两条腿开始萎缩。住院的时候，

① 岳建一：《生命：民间记忆史铁生》，北京：中国对外翻译出版公司 2012 年版，第 182 页。
② 史铁生：《命若琴弦》，北京：人民文学出版社 2011 年版，第 103 页。
③ 史铁生：《命若琴弦》，北京：人民文学出版社 2011 年版，第 105 页。

老乡托人给"我"捎来了他们平时攒下的小米、红枣儿等特产，还有当年一起喂牛的破老汉攒下的十斤粮票，他只是不想让他儿子的悲剧再次发生在"我"身上（破老汉的儿子因病无钱医治而早逝，老汉早已饱尝白发人送黑发人的痛苦），他一心只想尽最大的努力让史铁生快点好起来，却并不知道，他的粮票只能在陕北通用，在北京用不了……

二

回城后的史铁生多次表达对黄土的怀恋，多年后他仍亲切地称黄土地为"我们那地方"。在对知青岁月的回顾中，岁月温存了记忆，久居京城的史铁生仿佛为自己找到了可以回归的故乡，"我从哪里来，我往哪里去，我灵魂的声音发自何方，又朝向何处，这些问题，在中国只有大地能回答，只有故乡能回答"①。这片黄土地像故乡一样的存在，在许多个写作之夜承载着史铁生迷茫漂泊的心魂。

插队时，黄土地上的人们过着清贫的生活，后来改革的春风吹到了清平湾，那里的人走出贫穷走向富足，例如当年很想被带到北京去见见天安门的留小儿，能够自己来北京了，她正准备给自己买台缝纫机带回去。再回黄土地的史铁生为清平湾的经济发展成果感到欣慰，但是他并没有陶醉于这份浅薄的乐观，依然严肃地意识到，真正的开发，是各种各样带着技术的人，带着时装、日用品，带着手艺、技术涌入这块贫瘠的土地。而上山下乡运动之所以失败，正是因为那是一场违背社会经济发展规律的人为运动。

对于史铁生插队的延川县，陕北作家贾平凹在文字里这样描述，"出奇的是这么个地方，偏僻而不荒落，贫困而不低俗：女人都十分俊俏，衣着显新颖，对话有音韵；男人皆精神，形秀的不懦，体壮的不野；男女相间，不疏又不戏，说，唱，笑，全然是十二分的纯净呢"②。无论是偏远的荒漠还是繁华的闹市，有男女的地方，就有爱情。史铁生以一支含蓄的笔，抒写了黄土地上的爱与泪。在不露声色的叙述里，表达了他对人世间情爱的赞美与哀悯。

在一起喂牛的过程中，"我"结识了可以称为同事的"破老汉"。相较于终生固守于一方的乡民，"破老汉"是见过世面的人，他曾跟着队伍路过广州，可是高楼与霓虹并没有留住他，他一心向着的仍是家乡这片朴实的黄土，兜兜

---

① 谢有顺：《乡土资源的叙事前景》，可参见《文学的常道》，北京：作家出版社2009年版。
② 贾平凹：《延川城感》，《世界华文散文精品：贾平凹卷》，广州：广州出版社1996年版。

转转着，他最终回到了故乡。他没有结婚，在长年的孤独里，与附近村落的一个寡妇互生情愫，也因此成为知青"我"偶尔加以调侃的聊资。但是调笑归调笑，"我"诚挚地祝福这份可能有悖日常伦理的恋情，并且怂恿"破老汉"去与对方搭伙过日子，但是老汉因为顾及下一代的脸面宁愿牺牲自己获得幸福的机会。

相比较"破老汉"在爱情面前的顾虑重重，黄土地上青年男女对于爱情的态度就相对大胆直率了许多。在描写青年男女的爱情进展时，史铁生巧妙地援引当地的民歌来暗示。在《插队的故事》中，从民歌歌词可以看出随随与英娥的爱情进展，首先是二人初识互生好感："白格格生生脸脸太阳晒，巧格溜溜手手拔苦菜。白布衫衫缀飘带，人好心好脾气坏。"随着时间的推移和见面次数的增多，二人已经像"蛤蟆口灶火烧干些，越烧越热离不开"①。黄土地上的情歌虽然直露、热辣得近乎粗俗，但其所彰显的是黄土地上的青年男女在爱情面前的勇敢、不忌世俗的生命力。随随与英娥的爱情是清平湾历史上有数的几桩自由恋爱之一，且富浪漫色彩。他们的爱情虽以悲剧收场，因为随随的贫穷，英娥被其家长许与他人，英娥嫁给他人后，依然不忘情于随随，试图反抗婚内生活，终生抑郁，而随随也为了英娥，很长时间不再寻找感情归宿。通过他们的落寞，作者表达了对这份青年男女爱情悲剧的哀婉。

三

与黄土地上勇于寻爱的人们形成鲜明对照的，是从城里来的这群知青。在所谓现代文明熏染下成长起来的知识青年，在性别意识上却处处自我设限，这明显地阻碍了他们与异性同学的正常交往。正处于青春期的他们，虽然是同班同学，但男生与女生之间的正常交流被自动隔离，在迫不得已的情况下，他们才鲜有零星的沟通，但又往往随时会陷入剑拔弩张的境地，似乎非要分出个胜负，在有你无我的求胜心态下，所掩饰的是青年男女被压抑至扭曲的性意识。

1949年以后，以"移风易俗"和"阶级斗争"为口号，"性"逐渐被视为革命的政治敌人，谈性色变的社会环境下，最终出现了"文化大革命"中的"无性文化"，实际上是一种"反性的社会秩序"。从"革命样板戏"的人物构成中可以见出这种"反性文化"的侵蚀，在这些经过重重审核的剧目里，所有的主人公都是无婚、无性、无爱之人，也就是所谓"光棍寡妇闹革命"。"革命

---

① 史铁生：《原罪·宿命》，北京：人民文学出版社2011年版，第84页。

样板戏"其实就是"无性文化"的宣言,"是精神禁欲主义的样板。它把反性、反爱情、反婚姻、反家庭的思想灌输给了几乎所有的中国人,真的做到了'家喻户晓,人人皆知'"①。受此毒害最深的是青少年,舆论空间对反性文化的过度渲染扭曲了青少年的性爱观。在《插队的故事》中临行前家长的叮嘱也成为男生揶揄的谈资,原因就是她们跟仲伟交代说要"对女同学好点",要是有什么事得多关心人家。这种交代本是人之常情,但是在青春期的男孩看来却成了不可理喻的笑谈,由此可见那时男女生之间的隔阂是多么的深。史铁生当年的同桌在回忆他们同窗的交往时,也提到了男女隔离这一事实,"因为是同桌,我们在一起聊天会比较多,结果还引来过一些同学的'怪话'。那时,哪个男生和哪个女生多说了几句话,就会有人瞎起哄。男女生要分界线才对。从那以后,我们就不说话了。非要说话的时候,就写个纸条放在桌子中间"②。青年男女渴望沟通的欲望得不到正常表达,最终只能以偏激、畸形的方法宣泄在社会中。在道德规范、权力规训压倒生命本能的共同遭遇中,他们的欲望连同个人的日常行为都被不同程度地异化了。在插队的日子里他们虽然来自同一所学校且大多是同班,在陌生的地方背井离乡,却仍没有在异地建立起共同面对困难的情谊,因此后来他们大多感慨,在离开时竟然连一张男女生全体合影都没有。

四

《插队的故事》中,知青里唯一敢将自己的爱情公之于众的是小彬,他为了心爱的女孩放弃了从军这份人人艳羡的机会,自愿默默跟从她去陕北插队,这份勇气反而令本打算揶揄打趣的"我们"怅然了,因为他那么勇敢,而且他有了心上人。即使那个叫刘溪的女孩并不知晓,而且后来率先离开了清平湾,留下没来得及表白的小彬。然后是爱情曾经到来过却又被当事人扼杀了的金源与徐悦悦这一对恋人,他们的爱情在难得的沉默里到来,然后又在沉默里溜走。就是这样,不能说是时间不对,也无法责怪于命运,所有的结果,留下的不过是一声叹息。因为他们刚刚不再吵架,就要从容和解时,就匆匆分手各奔东西了。只是待成年以至经历了太多人事沧桑、命运的起伏变化后,共同的记忆令他们更加亲密,无论男男女女说起那段岁月,都会无形中在精神上更亲近

① 参见潘绥铭、黄盈盈:《性之变:21世纪中国人的性生活》,北京:中国人民大学出版社2013版。
② 岳建一:《生命:民间记忆史铁生》,北京:中国对外翻译出版公司2012年版,第216页。

一些，似乎那段黄土地上所承载的记忆是他们逃避尘世喧嚣的巢窝。

知青对于男女之情的讳莫如深，无形中顺应的是以儒家伦理文化为核心的中国传统文化对"性"的想象和规范。儒家伦理是一种生殖中心伦理——"合二性之好，以上事宗庙而下以继后世"。它对一切超出生殖目的的"性活动"和"性关系"都予以排斥，无论是青春期的性觉醒，还是日常基于生命本能以获得快感为目的的性欲实现，皆被视为一种"性欲富裕量"，归入"色情"的范畴①。登峰造极的"性禁忌"失去了乃至严重背离了合情合理合法合乎人性的度。无论处于哪个时代，男女之情的敏感复杂在于它是"人"之内外诸般宏观和微观因素的聚合点、显示器，它反映的是当时时代普遍民众的精神状态。个人情欲不只代表个人，更负载了同时代人类的普范价值。男女之情所引发的一系列悲欢离合，既是个体意义上的自叙传、血泪书、悲情诗、控诉状、忏悔录，也是群体意义上的风云史、家族谱、人性论。

进入1990年代以后，史铁生越来越发现男女之情，是人性中永远绕不过的壁垒，他直接以性爱为对象进行阐述，坦率地直面欲望，不断从记忆出发，为"性"正名，为"性"争权，尊重个人主体性这一重要阵地，这种坚守帮助他撬动了沉重无比的文化和历史。

第三节　知青与乡民的参差对照

知识青年的上山下乡，被时代赋予一种神圣的使命，即通过与贫下中农的结合，实现自身的转变，以此来消灭阶级差别，从而向大同社会迈出理想性的一步。然而这种理想终究是不切实际的乌托邦，意气昂扬的知识青年在农村待了一段时间后，他们意识到现实与这种理想几乎处处相悖，并且"就立刻会产生与这一理论相悖的各种疑问，这常常使他们的思想产生巨大危机，结果必然是信仰根基的动摇"②。纵然千般留恋黄土地，史铁生也承认一旦有机会，知青包括自己还是选择回城，或者出国。让城市青年接受"贫下中农再教育"，把他们改造成"社会主义新型农民"的理想面临破灭。知识青年变成农民且安于

---

① 张川平：《被压抑和扭曲的"性叙事"——从王小波的创作看中国文学中"性"与"情"的纠结与博弈》，《南京师大学报（社会科学版）》，2012年3月第2期。
② 定宜庄：《中国知青史：初澜（1953—1968年）》，北京：中国社会科学出版社，北京，1998年版，301页。

这种身份者微乎其微，下乡经历没有使他们变成献身于实现乌托邦的理想主义者，而是学会了如何更好地践行现实主义和实用功利主义，他们没有成为雷锋那样的纯粹利他主义者，而是学会了在艰苦条件下为个人生存而奋斗，他们对任何绝对理论都持怀疑态度，并且只相信自己。

———一———

回过头去看，上山下乡运动是一段值得反思的历史，因为无论是社会还是人心，都需要不断地更新，才能更好地向前。"带有乌托邦色彩的政治思想目标在这场运动中占首屈一指的地位，然而，尽管也有一些经济及社会的目标，但是达到目标的方法不是合理的经济与人事资源管理，而是社会各阶层的思想动员。"[①] 超越得以反思为前提，轰轰烈烈的上山下乡运动，并没有被当事人知青买账，越到后来他们越发疲惫于这场运动，从 1970 年代末开始，公开的抵制出现，最终以上山下乡政策的结束，大量知青的返城待业而告终。虽然这场运动的确培养了很独特的一代，但是下乡城市青年没有变成之前舆论所期待的"社会主义新农民"，他们中的大部分人没有获得正常的教育机会。十几岁的少年去往农村参加劳动，自此失去了在学校接受教育的机会，这种人才的浪费，这对他们、对国家都是极为重大的损失。

据统计数据显示，把城市年轻人下放到农村始于 1955 年，至 1962 年这种下放工作渐渐成为政府工作的一部分，但这种工作并没有普及成为一种常例，所下放的人数在全国城市青年中所占的比重尚小，至 1966 年这一比重有了小幅度增加，下放人数达到 150 万人次之多。这种工作因为"文革"开始，在 1966 年中断过，至 1968 年又恢复实行，但性质和规模上都发生了变化，"下乡"成为那一年代的城市青年成长所必经的阶段，"上山下乡"被作为一项政策而被人们普遍接受下来。1967 年到 1979 年，这 10 多年中，大约有 1650 万知青被送到农村。这场运动的动机可推测是为了改造青年思想，消灭社会差别，同时恢复原有社会秩序，强化最高领导人的权威，除此之外还有经济上出于战略考虑的动机，如开发农村和边疆地区，将知识传授给农民，同时减轻城市就业压力。

农民在这个过程中作为被动承受者和利益分担者，需要为知青提供住房，

① ［法］潘鸣啸：《失落的一代：中国的上山下乡运动（1968—1980）》，欧阳因译，北京：中国大百科全书出版社 2010 年版，第 61 页。

同时又要在有限的耕地所得中分出自己的口粮，并且这群风华正茂的城市青年适应繁重的农活，着实需要假以时日，从小在城里长大的青年几乎不会使用简单的劳动工具。后来他们发现，其实农村最缺乏的并不是劳动力。

"执行邓小平的经济政策以后，中国政府承认农村劳动力有一大部分是多余的。"①"虽然知青也许能为开垦荒地做出一定的贡献，但是这种贡献是有限的，因为当时的政策既未考虑经济收益，也没想到生态平衡。"政府投资了46亿元建立垦荒农场，但收入只有14亿，亏损32亿。"② 这种亏损最终会转到农民身上，农民的负担更重了。对于农民来说，知识青年更像是负担和外来侵犯者。在1957到1977年间，中国的可耕地减少了11％，人口却增加了47％。在黄土地上，农民忍着饥荒，但还是尽可能地对这群没有农垦经验的青年外来者表达了足够的欢迎。

二

知青虽然在最好的年华被下放农村，但是与贫弱的农民相比，他们还是既得利益阶层，因为从经济上他们享有起码的温饱保障。知青对农村积极方面的影响，主要表现在社会文化方面。知青的到来，使农民对城市文明有了更清晰和直观的了解，在城市文明的微弱熏染下，农村的生活方式也稍微发生了变化。在小说《插队的故事》中，时隔多年，"我"在重回黄土地时，看到陕北的变化，"没有要饭的了。没有吃麸、吃糠了。没有人穿得补丁摞补丁了。饭馆里卖的饭菜也不光是两面馍和粉汤了"③。饭店里的菜谱里有了过油肉、宫保鸡丁、木樨肉等这些外地的菜品，而之前他们插队时，有钱也只能吃单调的素粉汤和肉粉汤。饮食文化的丰富与多元，与社会经济的发展密切相关，上山下乡运动中，知青所携带的文化对于乡民的冲击，无形中促进了他们对于多元文化的接受步伐。

在清平湾，"我们"这群知识青年吃的是国库粮，"每人每月四十五斤，玉米、麦子、谷还有几两清油。老乡们羡慕地称我们为'公家儿'"。而那个时代的农民，没有医保，土地也不再属于他们，他们平常所吃的不过是糠，还有一

---

① 新华社讯，1984年3月13日，刊于 FBIS，1984年3月16日。转引自第45页。转引自［法］潘鸣啸：《失落的一代：中国的上山下乡运动（1968—1980）》，欧阳因译，北京：中国大百科全书出版社2010年版。

② 潘鸣啸：《上山下乡运动再评价》，《社会学研究》，2005年第5期。

③ 史铁生：《原罪·宿命》，人民文学出版社2011年版，第151页。

种比糠还要难以下咽的东西，偶尔吃次玉米干粮也是如过节般喜庆。但即使这样，这群善良的乡民依然认为给知青的待遇是无可厚非的。他们从不吝于给知青生活经验上的指导，使他们尽可能快地适应环境，指点他们如何烧柴更省一些，以及做出美味饭食的细节，但是待饭好了以后，他们却退却不肯尝一尝。在史铁生笔下的知青与乡民是和谐共生的，他们互相帮扶，这群之前没有独立生活经验的知青需要他们生活细节的协助，农民也是义不容辞地尽仁尽意，而知青对他们某些愚昧的观念也是尽可能地予以疏导。

三

在《插队的故事》中，有先天性疾病的明娃，母亲在攒钱给他治病、娶媳妇，父亲冒着生命危险去下井挖煤，而他却无力帮衬些什么。明娃失眠的时候，会去知青的窑里寻找精神慰藉，即使这帮与他一般年纪的青年，可能无法提供实质的生活帮助，但是与他们待的时间久一些，也许会令他忘却一会儿自己所置身的现实。

明娃母亲按照当地的风俗礼仪，要给明娃的未婚妻五六百块钱的彩礼，知青中的徐悦悦愤然地怂恿她不要出这笔钱，但是被乡农意识捆缚得严紧的明娃妈却认为这是天经地义，将其视为必须承负的担子。究竟哪一个说法更符合人情人性，史铁生无意于给出道德价值评判，他从不以道德优越感来评判人事，现代文明的强势心态是他最为排斥的。黄土地上的风俗民情，体现了当地人的宽厚慈悲，其中自然也不乏蝇营狗苟的计算，明娃妈为了给明娃娶媳妇，省吃俭用，日夜操劳，七个儿子她从不偏心于其中任何一个，但就是这样一位朴实的母亲，她隐瞒了明娃先天性疾病的事实，目的只是要未婚妻碧莲先嫁过来给明娃生一个孩子，这份圆满了明娃后继有人的心愿，葬送的却是一个年轻女孩子的一生。在明娃的葬礼上，碧莲哭得死去活来，她说若早知道明娃有这病，死也不会嫁给他。也是这样一位婆婆，在碧莲与随随产生爱情决定一起搭伙过日子的时候，她奋力阻挠，要随随拿出五百块钱来方能带走这位新寡的儿媳，以便用这笔钱作为自己小儿子的彩礼。在这场因母爱的"善"所造成的悲剧中，受害者的遭遇固然令人同情，但即使是施害者的用心也令人无声悲悯。

一个年轻女孩的悲剧的肇始，起因于母亲对儿子的慈爱，以及宗法制社会所遗留的传宗接代观念，细究起来不能不令人哀叹个体生命在强大的封建文化统治下的脆弱。而民风中对于民族劣根性无声的承袭，也令史铁生有无言的哀悯。

黄土地人的生命中似乎有着无限的韧劲，这令他们能够隐忍附加给他们的一切重压，在他们看来这就是活着的宿命，这种认定，有一种逆来顺受的犬儒心态，而这又何尝不是许多人在苦难面前的普遍心态？史铁生宁愿用歌者的情怀去歌咏，无论这曲调听起来多么令人悲怆，总体的旋律却舒缓悠扬。因为一切在爱的呼唤下，都变得合情合理了。史铁生性情中的宽厚为后来的生死之思打下了精神底色，使他不至于在极端的遭遇面前产生极端不理智的反抗。在对于生死的思索中，他得以超越眼前的"生"，精神穿越了阴郁的幽谷，渐渐抵达明彻的时候，终于明白：在生死面前，任何一桩都是小事，更何况这些眼泪和罪责都是起因于"爱"？

贰

第二编 扶轮问路

　　1972 年初，史铁生告别延安，回京治病。二十一岁生日的第二天，他由父亲搀扶着住进友谊医院，当时年轻气盛的史铁生暗暗下了一个决心：要么好，要么死，但一定不要再这样靠着别人走出来。不久，他被医生诊断为"多发性脊髓硬化症"，这是一种潜在的家族遗传症，治愈的概率很小。

　　在病房里，他每天躺在床上，在无人的时候双手合十，祈求上帝保佑他能够健康，化险为夷。他用目光在所有的地方写下"上帝保佑"，"我想，或许把这四个字写到千遍万遍就会赢得上帝的怜悯"①，但是存在于体内的先天裂隙更大了，这是至今都无法解决的医疗难题。面对生存的不堪，加缪在《西绪福斯神话》开首部分说，真正严肃的哲学问题只有一个，那就是自杀。在确定残疾的最初生涯里，史铁生曾几次试图自杀，小说《山顶上的传说》里有一段主人公的自白，不能不令人联想到史铁生那时的处境，甚至也许就是他当时心境的复原，"在这漆黑的夜里，没有别人，不妨对自己诚实一点；双腿残废之后，他首先想到的是死；当那个港湾出现之前，他一直都盼望着死。哦，在这静寂的夜晚，自己对自己诚实一点，是一件多么轻松

---

① 史铁生：《我与地坛》，北京：人民文学出版社 2011 年版，第 176 页。

的事"①！当一个人静下来反观自身时，难免还是会失控，抛去白日的一切伪装和假面，绝望再次席卷而来。将要在轮椅上度过余生，他实在为自己抱不平，"二十岁，青春的大门刚刚向他敞开，却就要关闭；那神秘、美好的生活刚刚向他走近，展露了一下诱人的色彩，却立即要离他远去，再也与他无缘了"。

法国社会学家埃米尔·迪尔凯姆在他的名著《自杀论》的第二、三章，谈到了一种自杀类型，即利己主义的自杀。针对这种类型的自杀，他通过大量的分析，严密的推理，得出一个结论：社会集体性越强的人，越难自杀，社会集体性越弱的人，越容易产生自杀倾向，主要是由于自杀者与社会的感情联系更少，需要牵挂的也就少。躺在医院里的史铁生，最为真切的现世盼望是同学来看他。史铁生人缘非常好，他自豪地称自己在交朋友方面可以得金牌，住院期间，史铁生的插队同学隔三岔五地来看他，给他带来外面世界的消息。他们的温暖感染他，同时为他开启生的希望。史铁生在概括这段生活时写道："回京后住院治疗，历时一年半，前半年还想站起跑，后一年却想不如干脆躺下去死；然而医生护士然费苦心百般拯救，各路朋友不离不弃爱护备至，自忖不当以死作答。"在与他人的交往中，他渐渐被感染并走出小我，对"生"充满了留恋与不舍。

在住过友谊医院神经内科的十二间病房之后，十六个月过去了，史铁生被抬出了医院。他将当时的心境写成一首诗，交人转赠给当时照顾他的护士柏晓利，可以略见史铁生当时的胸襟与不能实现人生抱负的无奈，"几梦昆仑跨铁骑，醉酣血酒啖残敌，何时复我男儿骨，扯去囚衣试铁衣"。出院后的最初日子，据史铁生记叙"双腿瘫痪后，我的脾气变得暴怒无常。常望着天上北归的雁阵，我会突然把面前的玻璃砸碎；听着李谷一甜美的歌声，我会猛地把手边的东西摔向四周的墙壁"②。据他妹妹回忆"我亲眼看见他把一整瓶药一口吞下，然后疼得在床上打滚，看见他一把摸向电源，全院电灯瞬间熄灭……"③

苏珊·桑塔格说，疾病是生命的阴面，是一种更麻烦的公民身份。每个降临世间的人都拥有双重公民身份，其一属于健康王国，另一则属于疾病王国。尽管我们都只乐于使用健康王国的护照，但或迟或早，至少会有那么一段时间，我们每个人都被迫承认我们也是另一王国的公民。二十一岁以后的史铁生，从此成了另一王国

① 史铁生：《史铁生作品集》，《山顶上的传说》篇，北京：中国社会科学出版社2000年版。
② 史铁生：《我与地坛》，北京：人民文学出版社2011年版，第135页。
③ 岳建一：《生命：民间记忆史铁生》，北京：中国对外翻译出版公司2012年版，第168页。

的公民，在这样的国度里，他必须让自己习惯一种目光：歧视的目光。"他的身份证上有一个'残'字，像犯人头上烙下的伤疤。"① 日子在疾病所裹挟的阴霾中一天天挨过，他渴望人们平等的目光，但却发现这一想法太幼稚，漫长的余生所要做的是如何接受自己，然后再去接受别人的任何一种目光。

---

① 史铁生：《史铁生作品集》，《山顶上的传说》篇，北京：中国社会科学出版社 2000 年版。

第一章 轮椅上的生死之思

疾病不仅影响一个人的生活方式，而且还可能会改变他看世界的方式。而肉身对这个世界日常表面事物的缺席，从根本上决定了史铁生的写作与生存方式。残疾之于史铁生的生死之思，就像结核病之于卡夫卡的阴郁、肺炎之于普鲁斯特的耐心、哮喘之于鲁迅的愤激等，它们促使作家更好地思考自己与人类。

第一节 未知死 焉知生

对那些怀着生命热情的人来说，死亡是令人厌恶畏惧的神秘之事，是最终的告别，也是不能控制之事。通过对生的领受与死的思索，史铁生渐渐了悟死与生之间并没有界限，死是生的一种形式。而人对命运的叩问无济于事，因为上帝在一开始就将一切安排好了。人对命运的差别与疑难所应持有的态度是：差别永远是有的，只能接受苦难，人类的全部剧目需要它，存在的本身需要它。

一

史铁生对命运的醒察带来超然的生死观，死成为一件不必急于求成的事，死是一个必然会到来的节日。对史铁生影响至深的尼采，在其生命中所遭遇的苦难"堪与任何时候的苦行者相比"，死亡与他形影不离，但他依然反对自杀，认为应该热爱生命。尼采在给友人的信中说："苦难根本不是反对生命的根据。"他不同意叔本华关于"人生乃是一宗得不偿失的交易"的悲观观念。尼采不否定人生是一出悲剧，他承认人生有苦难，有折磨，有死亡，我们不能盲目乐观，但也不可因此悲观失望，我们照样应该热爱生命，只不过以一种爱恨相间的方式去爱。就像我们爱一个"使我们怀疑的女子"一样，我们爱必死的生命。

虽然生存信念时而薄弱得不堪死神的引诱，但史铁生依然清醒地懂得，活着一天就必须自食其力一天，靠别人，哪怕是靠父母养活，那跟动物没什么区别。只是现实的困境比精神的绝望更为惨烈，作为返城知青，史铁生的工作一直难以安置，"两腿残疾后的最初几年，我找不到工作，找不到去路，忽然间几乎什么都找不到了"。史铁生和家人一直盼望能够得到一份正式工作，比如进一家全民所有制单位，这样一生也就有了倚靠。为了能够有一份正式工作，母亲陪史铁生一起去劳动局申请，但三番几次都未果而返。有一次出来一位负责的同志，有理有据地回答他们："慢慢再等一等吧，全须全尾儿的我们还分配不过来呢！"这话深深刺伤了史铁生，从此史铁生再也不去找他们了。但是后来知道他的母亲还是会偷偷去找，然后"疲惫地回来时再向她愤怒的儿子赔不是"。被排除于体制之外，除了自身残疾，还有着深刻的社会原因：在那个年代，由于国家一味"侧重重工业和取消农村副业的结果使农村增加了 4000 万到 9000 万失业者，城市增加了 1000 万到 3000 万失业者"①。在那时，青年劳动力过剩成为一种普遍的社会现象。

在找工作四处碰壁后，史铁生摇着轮椅进了一个街道生产组，一干就是 7 年。因为绘画方面的天赋，他的工作就是在仿古的家具上画些花鸟虫鱼，每日所得可以糊口，这些工艺品是用来出口的，史铁生的工作是给那些仕女画眼睛，他自豪地称自己为点睛之笔。多年以后，他在一家高级宾馆里看到他们摆设的屏风，上面的画就是当年他们画的。这种巧遇令他自豪又感慨。他工作的地方在北京市柏林寺的南墙外，其时柏林寺已改作北京图书馆的一处书库，史铁生和同事常常一边干活一边观望街景。虽然生存艰难，但他暗暗告诉自己要活下去，并且有尊严地活着。

在刚坐上轮椅的年月里，他常常由朋友们陪伴着聊天，或者去公园。随着对自己现实的慢慢接受，史铁生的情绪不再有大的波动，他沉默的时候变多了。那时候还没有残疾人通道，史铁生常常坐在轮椅上，被大家一人一个角抬着上台阶。再后来朋友们凑钱为他买了一辆轮椅，他可以一个人摇着轮椅去更远一点的地坛了。

---

① ［美］费正清：《伟大的中国革命》，刘尊棋译，北京：世界知识出版社 2000 年版，第 412 页。

二

地坛又名方泽坛，始建于明嘉靖九年（公元 1530 年），是皇家盛大的祭祀礼仪之地，地坛内有大片空地，200 年以上的树就有近 200 株，其中的 3 株古柏很有特色，被称为"将军柏"，史铁生在《我与地坛》中写到的参天古柏正是它们。

地坛里的史铁生，静静安享着完全的孤独。一个人主体性的完整意味着孤独，孤独是对个体完整性的有效实验，一个人真正有能力的时候，必然会学习享受孤独、与孤独相处。"精神与世界相连可以有多种方式，斗室中信仰上帝的僧侣，牢囚中与战友同仇敌忾的政治犯在精神上是不孤独的。"① 享受孤独的过程也是尊严地与外在世界建立联系的过程。在这个过程中，活着的意义要个人自己去寻找，同时不断地建构，以填充生命的意义。法国哲学家帕斯卡尔说，人类所有的痛楚都来自我们不能在房间里与自己独处。人有时候只想独自静静地待一会儿，悲伤也成享受。地坛里处处都暗藏着自然的奥秘，亘古不变的落日传来永恒的消息，高歌的雨燕仿佛在诉说命运的谜底，苍黑的古柏镇静地默视着人的忧郁与欣喜，雨后泥土和草木的气息刻进记忆，它们是地坛的味道，味道只可意会，就像地坛的味道，于每个人都是不同的。于史铁生，它是涅槃，是重生之地。多年后，回首时他说"因为这园子，我常感恩于自己的命运"②。

1970 年代的地坛，是供许多青年徘徊和消磨时光的地方，在这个苍凉而略带伤感的古祭坛里，史铁生认识了许多朋友，其中包括后来《今天》的编辑陈晓。他们像那个年代许多年轻人一样，在前途未卜的时刻，无聊而惶惑地在这里打发着光阴。史铁生之前的家，住在北京前永康胡同深处，离地坛较远，后来由街道出面，调剂到了临街的平房，紧挨着雍和宫，一出门就可以看到北面的地坛公园南门。

对于在生活与精神上双重苦闷的史铁生说，在人口密集的城市有这样一个宁静的所在，是上帝的苦心安排。在地坛里，他看到"蜂儿如一朵小雾稳稳地停在半空；蚂蚁摇头晃脑捋着触须，猛然间想透了什么，转一下升空了；树干上留着一只蝉蜕，寂寞如一间空屋；露水在草叶上滚动，聚集，压弯了草叶轰

---

① ［德］埃里希·弗罗姆：《逃避自由》，陈学明译，北京：工人出版社 1987 年版，第 12 页。
② 史铁生：《我与地坛》，人民文学出版社，北京：2011 年版，第 7 页。

然坠地摔开万道金光"。对细节的捕捉能够达到如此精微的程度，将目光长时间专注于常人所习以为见的一事一物，窥测它每一秒的变化，可以想见史铁生那时心里的寂寞与苦闷。"人需要与自身之外的世界相联系，以免孤独。感到完全孤独与孤立会导致精神崩溃，恰如肉体饥饿会导致死亡。"① 地坛是史铁生接触外界的一个窗口，这个窗口令他在精神上不孤单。

三

一起在地坛里待过的陌生人有沉默的情侣，他们总是在暮色初临时到来，女人挽着男人的手臂绕园一周，然后离开。史铁生与他们互相看着从青年走到中年，从中年到老年。还有爱唱歌的小伙子，在他离开的前一天，史铁生才与他互相招呼，互道再见，却从此再也不见。地坛里还有放浪形骸的饮者，闲情逸致的捕鸟人，锲而不舍的长跑青年——命运总是一次次跟他开玩笑，令他与奖杯失之交臂。智障的漂亮小姑娘，她仿佛是上帝造物的一个残酷寓言：智障，可是漂亮。因此在成长的过程中无端受了很多别人的欺辱却浑然不觉。但史铁生并没有因此怨怼造物主的不公，试想一下，若是所有人都变得聪明、健康、漂亮，结果会怎样？那么世间的剧目就要收场了吧！"一旦佛祖普度众生的宏愿得以实现，世界将是什么样子？如果所有人都已成佛，他们将再做什么呢？"② 差别彰显了意义，参差的苦难是为了试探人的韧性。静静的地坛赋予史铁生许多关于命运和生死的思考机会，就像他所说，"也许是为了等我，它才在那里静待了几百年"。

史铁生不光生前与地坛有着难解的缘分，在他去世后这缘分继续牵绕住了全国读者的心。据史铁生邻居兼挚友王耀平先生回忆，2011 年 1 月 2 日，也就是在史铁生去世后的第三天，《天涯》杂志社率先发起在北京地坛为史铁生树立铜像的倡议，继而在 1 月 6 日的史铁生追思会上，公开倡议在北京市地坛公园建造一座铜质史铁生扶轮远眺的雕像，以凝定大家共同的敬重与景仰，供所有思念他的人在这里与他相逢。这个倡议得到全国数目庞大网友的支持，但终因种种原因被地坛公园拒绝了。

在独自的静默里，史铁生常常设想自己的来世，他尽可能大胆地畅想，给自己尽可能多的好运与幸福，并且小心翼翼地令它们不那么夸张，尽可能地符

---

① ［德］埃里希·弗罗姆：《逃避自由》，陈学明译，北京：工人出版社 1987 年版，第 12 页。
② 史铁生：《原罪·宿命》，北京：人民文学出版社 2011 年版，第 281 页。

合生活逻辑。但越是这样顺遂，他越疑惑，难道如愿所得的一切就是生之意义和追求了吗？生命是否应该比这更辽阔一些？比如他幻想来世的自己要聪明、漂亮，当然最重要的是健康。同时对出身也做了仔细考量，如果生在穷乡僻壤，即使天生资质多么高，也可能会被单调的岁月磨蚀，然后沿袭着父辈的宿命，一天天长大、老去，可能也不会费心思量关于"活着"这种形而上的问题。

四

在《好运设计》中，史铁生假想如果可以重活一次，他希望自己在来世不要出生在穷乡僻壤的地方，因为那代表着与一切机会的隔绝，除非个人有着非凡的勇气和智慧，但那又不符合他想做一个平凡人的人生规划。但达官显贵之家也不是他所向往的所在，这种家庭出身的人一般非蠢即骄。推敲一番后，他发现只有介于二者之间的位置才是他最理想的家庭出身，即普通知识分子家庭。然后这样的自己在童年里要有一群来自不同家庭的男孩女孩做朋友，一起玩乐、吵架，然后和好如初，分享秘密。有慈祥护短的母亲，她也有相应的知识以足够维持自己的社会身份，但又不会将自己难就的功名抱负孤悬于孩子身上，她不会给孩子下命令，她只会用爱感染，教会他爱这个世界，给他充分的自由。这样的自己在宽松的家庭环境中自由成长，爱好艺术，多才多能，同时也无师自通地擅长各项体育项目，在一所名牌大学里读着众人艳羡的专业，到了恋爱的年纪，享受很多年轻女孩或明或暗的追求。但他只喜欢一位爱好运动的女孩，她总是那么轻柔、从容，经过几次不经意或者蓄谋的巧遇后，他们终成眷属。但至此命运里的"王子"真的就和他的公主一起过上幸福的生活了吗？没有经过挫折、坎坷、企盼、煎熬、撕心裂肺等的一系列洗礼，当幸福到来之时，真的会有感慨万千地奉若珍宝吗？太容易获得，是否会抵消幸福来临时的喜悦？圆满会不会阻塞渴望，同时限制了激情和想象，心路在轻易得来的圆满中渐趋荒芜，因为圆满后已无所追恋，这无异于死亡。比肉身的朽坏更可怕的是，心魂的寂灭，因为对这个世间已不再有渴求。

通过种种命运的假设，史铁生最终得出的结论是，世上并没有永恒的幸福，人生就是在痛苦和无聊之间像钟摆一样摆来摆去，愿望一旦得到满足，继之而来的便是空虚。那么人所应当做的，就是将目光由目的转向过程，无论是何样的路途，人唯一能拥有的只是过程。无论结果如何，过程的精彩是个人能够把握的，即使是死神也无法将一个精彩的过程变成不精彩的过程。创造过程的精彩与美好，欣赏它的美丽与悲壮，便是生命的意义之所在，无所谓尊卑贵贱。

在谈到史铁生的生存姿态时，其好友王安忆回忆，有一些关系较好的朋友，常常"会背着史铁生议论，倘若史铁生不残疾，会过着什么样的生活？也许是'章台柳，昭阳燕'，也许是'五花马，千金裘'，也许是'左牵黄，右擎苍'……不是说史铁生本性里世俗心重，而是，外部生活总是诱惑多。凭什么，史铁生就必须比其他人更加自律"①。关于史铁生，无论有多少种关于幸福的假设，都不可能在今生实现。作为读者的我们也许该庆幸，是史铁生特殊的生命质地，启悟了我们对于生的另一种思考。最终坐在轮椅上的史铁生，穿越死荫之地所重新体会的生，也因而更加珍贵。

五

加缪说正因为生活是没有意义的，才更值得一过。在没有意义的情况下，生命像一场冒险，人用生命去试炼能否从中得到一点儿快乐，看看生命到底是怎么样一回事，保持一种探险式的生活状态，不抱希望，也不绝望。上帝为锤炼生命，将布设下一个残酷的谜语。但上帝究竟是什么？在史铁生看来，上帝就是人自己的精神，不管信仰什么，都是自己精神的描述和引导。依靠这种强大的人类精神支撑，史铁生认为在上帝所设定好的程序里，命运的突变看似偶然，有时候却像一个"狗屁"一样荒诞不经，不遵循任何规则，预先不给人们任何暗示，它的残酷特征是令人猝不及防，却只能在无奈苦笑之下接受下来。

在《原罪·宿命》里，"我"原本是一个志得意满、即将出国的青年，爱情与事业的双丰收，令"我"不知何为不幸。可就在出国前的一个月，一场突如其来的车祸让关于未来的一切美好设计在瞬间灰飞烟灭。对于那场车祸，通过"我"的重重推敲，追究起原因来，居然是因为一只狗放了一个屁，就是这一声闷响影响了"我"接下来的一系列行程，最后使"我"撞车，终身残疾，因此可谓震撼了"我"的一生。但上帝说要有这一声闷响，于是就有了"我"之后与之前截然不同的命运。史铁生苦心孤诣地描绘着命运的不可测度、不可违逆。

多年过去后，史铁生在进行命运的追问过程中，多了些许宽容，少了一些锋芒。在他的最后一部长篇《我的丁一之旅》中，当丁一对命运的不公充满怨

---

① 林建法主编：《永远的史铁生》，北京：华夏出版社 2011 年版，第 90 页。

恸时，作为行魂的"我"想起在约伯的肉身时，虔诚的约伯虽然屡遭命运的打击，在灾难接踵而来的情况下，他依然坚守对神的敬慕和盼望，因为史铁生说，"上帝嘱托你的路途从来不是风调雨顺，不是一马平川，但上帝嘱托你的路途决不会中断"①。在《圣经》原文里，约伯是一位虔心信主的人，上帝也应许他许多的财富与众多儿女，但是魔鬼撒旦与上帝打赌说，约伯之所以这般虔敬，是因为上帝给了他在世的物质保障，如果将这一切全拿走，那么他必当面弃掉信仰和敬慕。于是上帝对撒旦说凡约伯所有的都可以拿走，只是不可伸手加害于他。约伯几经魔鬼的试探，失去的东西越来越多，最后连健康也失去了，他从脚掌到头顶长满毒疮，而曾经富有的他，只剩下一片可以刮身体的瓦片了。即使景况这般凄惨，约伯依然不以口犯罪于神，只是道出了自己所不明白的神道，神晓谕他说："我立大地根基的时候，你在哪里呢?"待亲眼见神后，约伯只能带着他属人的小信，并且独自在尘土和炉灰中懊悔。通过约伯的遭遇，可以见出，信仰是把命运里的一点一滴都交托给神，将属人的欲念尽可能地压制下去，不问将来，亦不念过去。这并非逆来顺受，而是一种交托和信赖。

约伯所表现出的足够虔诚令上帝欣慰，上帝看到他的信实，赐给他比以前更多的福分，他再次养育了七个儿女，同时神谕令他知道之前死去的都去了比世间更好的所在，即天国。他再一次享有着在世的福乐，并得以寿终。与约伯不同的是，丁一和"我"以及作者本人对命运的解读，虽然时常要投靠于神意，但仍是在人性立场上对神性揣度，揣度的目的只是为了寻找活下去的理由，给在世的存在理由寻找一个近乎神性的证明。

史铁生虽然不是基督徒，但他对苦难的领受意识已然上升到了宗教的超然层面，在这番领悟里饱含着史铁生作为一位人本主义者在宗教思考过程中的清醒和独立意识。但为了使自己在这世间的行程看似不那么凄凉孤苦，史铁生常用"上帝爱我"这四个看似无力实则内蕴温暖的字来安慰自己。史铁生虽然是精神上的强者，他战胜了苦难，但透过他对爱至死不渝的呼唤，我们看到再如何强大的人，再明智果决的智者，也需要爱来抚慰自己偶尔会冰冷孤寂的心魂。

---

① 史铁生:《我的丁一之旅》，北京：人民文学出版社 2011 年，第 62 页。

第二节　内视史铁生的女性期待

古往今来，母爱激发了无限的诗情画意，讴歌母爱是人类文学艺术中经久不衰的主题之一。英雄豪杰可以视死如归、含笑就义，却不能不为失去母爱垂首落泪；大盗奸贼可以欺强凌弱、草菅人命，却也会为慈母保留一丝最后的温情。女性式的伟大，爱并侍奉弱小者——可能的确有部分属于父权制的产物，父权制强化了妇女的这种行为，但是这种女性式的伟大同样具有创造性的潜力，女性本身对于苦难的承受能力，令她们的隐忍与无名被涂上了一层令人敬佩的光环。

一

在史铁生的相关作品中，父亲形象一直处于缺失状态，而与之相反的是时常出现于行文中对母性的讴歌与礼赞，母性关怀对于史铁生的影响，超越了父爱可能发挥的空间。在史铁生看来，女人是真善美的化身，而母性的力量则在于用爱温柔了整个世界。对母爱的眷恋，影响了史铁生对这个世界观察与体验的视角。他偏于诗性、感性的普世情怀，无不浸润着母爱的融融暖意。

在《我与地坛》中，史铁生用深情的笔墨写了地坛在自己生命中的地位是何等重要，于史铁生，它是涅槃之地，是重生的地方，是重新出发的起点。从中我们可以看到地坛对于他和当代文坛的意义，但更主要的，是作者在写地坛的同时写到了母亲及母爱的无私伟大。时过境迁后，他开始试图揣摩，自己双腿残疾后母亲内心的苦难，于是越来越强烈的愧疚和思念渗透进字里行间。

史铁生的母亲生于河北一个官僚家庭，但是这样的出身并没有养就她一身的娇贵气。在新社会，她有自己的工作，自食其力，可以说是新中国率先实现经济独立的知识女性。"职业本身给女人以经济上的独立，这种独立对全面的生活意识来说是稳定的。此外，还有一种社会自我价值感"[1]，这样的女性一定可以教育出不错的孩子，也与史铁生对母亲的期待相符。在《好运设计》中，史铁生期待来生遇到的母亲应有相应的知识以足够维持她的社会身份，但又不会将自己难就的功名抱负孤悬于孩子身上，她不会给孩子下命令，她只会用爱

---

[1] ［德］E. M. 温德尔:《女性主义神学景观：那片流淌着奶和蜜的土地》，刁承俊译，北京：三联书店1995年版，第22页。

感染，教会他爱这个世界，给他充分的自由。通过史铁生的描述以及亲友们的回忆，可以描摹出史母的轮廓，她有着与实际年纪不相符的年轻面容，姿态谦和得近乎卑微。在新的时代，因为出身，她是被边缘的一群，史铁生说有一次她去单位看母亲，其他人都去街上闹革命了，只有母亲一人还在工作，出身所带给她的自卑感令她无法自如地融入集体，甘愿比别人多做些事。"文革"开始后不久，史铁生的父母被调配到云南丽江工作。没过几年，因为史铁生回京治病，史母忧心忡忡两地牵挂的日子从此开始。

我们会感叹命运对史铁生的不公，从他所遭受的命运重创，揣测他在这打击面前所经历的艰难心路，却不知在他身后还有一双更加幽怨的双眼和一颗沉重下坠的苦心，面对儿子的厄运，母亲所承受的苦难并不亚于她的儿子。儿子患病以后，她还在云南工作，儿子有病她却不能在身边照料，不能在第一时间知道病情进展。据同事说，她常常一个人躲起来哭泣。儿子的不幸在母亲那儿总是要加倍的，她承受着身体与精神的双重折磨。终于能请假回到北京后，白天到处打听为儿子治病的偏方，推着轮椅上的儿子四处去找工作，希望能给他后半生找个倚靠。她全然不顾自己的健康，晚上一个人承受着肝部的疼痛，常常整宿整宿地翻来覆去睡不着觉。

二

在找工作的过程中，因为残疾被负责安排工作的人奚落，敏感而强烈的自尊令史铁生再也不去找他们了，他还责令母亲也不许再去。但是母亲仍抱着一线希望偷偷去找，回来后再小心翼翼地跟怒气冲冲的他赔不是。在他无数次情绪化地发脾气时，她又能够默默承受。同时她又是有智识的母亲，"她不是那种光会疼儿子而不懂得理解儿子的母亲。她知道我心里的苦闷，知道不该阻止我出去走走，知道我要是老待在家里结果会更糟，但她又担心我一个人在那荒僻的园子里整天都想些什么。我那时脾气坏到极点，经常是发了疯一样地离开家，从那园子里回来又中了魔似的什么话都不说"①。直至多年以后，史铁生才意识到当年自己总是独自跑到地坛去，给母亲出了一个怎样的难题。在史铁生的笔下，母亲有着大地般的情怀，她所给予儿子的隐忍无止境，这种宽容伟大得近乎神圣。

有一个细节，可以见出史母内心的煎熬与不安。据友人回忆，"一次，我

---

① 史铁生：《我与地坛》，北京：人民文学出版社 2011 年版，第 4 页。

去找他，看见铁生的母亲站在地坛门口，向东张望，但又犹豫着不走，见我过来，好像松了口气，说：'他今天又发脾气了，中午也没回去吃饭。'说着，递给我一只塑料袋，里面有几个包子。我明白了，接过包子走近铁生……"① 很多时候她找到史铁生，但是又不让史铁生知道，只图个自己安心，然后默默离开。"我也看见过几回她四处张望的情景，她视力不好，端着眼镜像在寻找海上的一条船，她没看见我时我已经看见她了，待我看见她也看见了我我就不去看她，过一会儿我再抬头看她就又看见她缓缓离去的背影。"② 地坛很大，有过史铁生车辙的地方，想必都有过母亲的脚印。

在找工作受挫后，史铁生去了街道办的一个工艺品厂，业余练笔写小说。当史铁生告诉母亲决定要写作时，她到处去借书，像过去为儿子找大夫一样，顶着雨冒着雪推儿子去看电影，在当时算是花大价钱给儿子买了一台电视机，用尽一切力所能及的办法丰富轮椅上儿子的精神世界。她温顺而刚毅，照料整个家庭，是家庭的精神支柱。可是她太累了，终于熬不住了，1977 年她开始大口地吐血，并由于肝硬化住进了重症病房，昏迷一周后去世。昏迷中的她最后一句话是："我那个有病的儿子和我那个还未成年的女儿……"③

史铁生后来满怀悲情地悟到，也许死对她来说是一种解脱。在永远沉默的地坛里，"我闭上眼睛，想：上帝为什么早早地召母亲回去呢？很久很久，迷迷糊糊地，我听见了回答：'她心里太苦了。上帝看她受不住了，就召她回去了。'"④ 这样想的时候，便似乎得到了一点安慰。这位冥思中的上帝所给予史铁生的慰藉，在一定程度上安抚了他痛失母亲的悲伤，从中也可以看出史铁生的生死观，即生代表着苦难与承受，而死，则是解脱，是进入天堂前与现世的道别。冥思中的上帝所给予的承诺，源于人对"生"的有限性、缺乏性和偶然性的否定与不满足，是人对无限的追求的体现；在制度化宗教中，"死"后的永生既是神对人的承诺，也是解决其自身现实困境的手段。因此，"永生"有无限与超越、否定与批判、补偿与慰藉、神圣与终极的特点。史铁生向未知神灵寻找死后的答案，在一定程度上安抚了自己的丧母之痛。

① 岳建一：《生命：民间记忆史铁生》，北京：中国对外翻译出版公司 2012 年版，第 236 页。
② 史铁生：《我与地坛》，北京：人民文学出版社 2011 年版，第 6 页。
③ 史铁生：《我与地坛》，北京：人民文学出版社 2011 年版，第 136 页。
④ 史铁生：《我与地坛》，北京：人民文学出版社 2011 年版，第 5 页。

三

史铁生从小的成长环境是温馨安全的，他十三岁之前，都是过着独生子的生活。在奶奶与母亲的呵护下长大的他，母性情怀里的温厚、祥和很大程度上影响了他看世界的角度，他自己也承认在很多价值判断上是站在女性一边的，但这并不代表史铁生能够拥有真正的男女平等意识，反而显示了他对于女性柔弱的肯定，正是因为柔弱，他才给予支援。女性的柔美与他主观意象里的"南方"不谋而合，史铁生认为，所有可敬可爱的女人，她们应该来自南方又回到南方，她们由那块魅人的水土生成又化入那块水土的神秘。

在《务虚笔记》中，有一段详细描写了以南方为背景的母亲形象，以儿子的视角为线索进行审视，带着暧昧迷离的青春期征兆，泛着温存的异性光彩。"在男孩眼中，母亲是窈窕的，南方的夜与母亲的不眠之夜相应和，而失眠的母亲亦不失温存，在蜥蜴的叫声中，黎明的曙光渐渐逼近，一夜未眠的母亲温柔地安慰被惊醒的儿子……母亲捂住儿子的耳朵，亲吻她：'不怕不怕。'儿子还是怕。儿子以为那就是母亲彻夜不能入睡的原因。那就是南方，全部的南方。"① 而这个深彻的长夜所涵括的一切，它的温存和惆怅，集中构成南方的中心意象。这样的南方，承载着每个男人的梦境，这样的梦境里有母性的温存，同时又隐约飘浮着某种暧昧不明的气息，这气息里浮泛着对情爱的期待。而母亲，这一形象，是史铁生母爱期待的集中体现。因由这种期待，他笔下的理想女性形象，都承载着仿佛胎记一样的母性情怀。

通过史铁生的回忆性文字，我们不难发现，母爱的温厚、谦和与无私、博大滋养着史铁生，构成史铁生的生命底色。史铁生在与朋友的一次谈心中，谈到彼此的写作动机，朋友的动力是为了母亲并且让她骄傲，史铁生回想起自己写小说的动机，似乎其中的很大一部分比重也是如此，只是他不如这位朋友幸福，当他用笔闯开一条路的时候，她的母亲却忽然走了。但是在小说获奖的喜悦被时间冲淡之后，史铁生渐渐明白，母亲想让他走的路并不是写作，至于究竟是什么，他并没有寻出答案。也许孩子的自由、健康且富有爱心，这些才是母亲最本真、最为永恒的祝福。"母亲生前没有给我留下过什么隽永的哲言，或要我恪守的教诲，只是在她去世之后，她艰难的命运、坚忍的意志和毫不张

---

① 史铁生：《务虚笔记》，北京：人民文学出版社 2011 年版，第 102 页。

扬的爱，随光阴流转，在我的印象中愈加鲜明深刻。"① 母亲对待他的方式，影响了他看待外界的视角，史铁生对待这个世界和命运的方式是宽厚仁爱，爱是他的出发点，爱命运，无论它是多么不公，爱世界，无论它看起来多么不堪。将母亲视为最崇高最神圣的人格象征，母性崇拜的原始情结流传在史铁生的思想脉络里。母爱有济世的功能，并令他初步意识到爱就是生命本身，是人的自由本质和自然天性的体现，是以善化恶、以丑化美的救世良药。

<h2 style="text-align:center">四</h2>

在传统文化语境中，母亲意味着生命的希望和保障，母爱被认为是这个世界上最无私最伟大的爱，是人的成长过程中的养分，母性被理解为是女性的一种本能。无论给母爱多么高的赞颂都无可厚非，但是母亲首先是一个人，一个女人。在阐述母性同时，必须重新规整母性的原始性与世俗性，承认母亲作为一个自由人的价值和权利，同时承认她有自己的个体欲求和情感渴望。自然健康的母性期待，是自然母性与文化母性，女性与母性的和谐统一。只是在古今的母亲抒写中，母亲总是处于一个他者的地位，她首先要是某某人的妻子，然后是某某的母亲，做母亲是她的自然身份之一种，但这种身份因为文化的期待而折损了本该完整的自我。她有着首先保护自己的本能，确保自我个体性的安全，这种安全既是客观环境的安全，也包括主观心理环境的舒适。然后才有可能更好地对子女进行保护。但在社会约定俗成的观念里，母亲就意味着一个非完整的个人，就应当牺牲自我主体性，母亲不应该有"我"，他们认为"母性不仅仅是天然的母亲属性，置身社会、文化、历史环境的父权制对母性的解释以及对母性的造就，直接影响到母亲的形象和母亲的性别角色分担的逻辑理论以及母亲的价值本位的确定"②。

母性并不能取代女性意识，而女性意识是女性主体对社会、人生与自身的一种观照，它主张相对地平等，这对反拨男性主导一切的传统观念有着进步意义。张爱玲说："一般提倡母爱的都是做儿子的男人，而不是做母亲的，而女人如果也标榜母爱的话，那是她自己明白她本身是不足重的，男人只尊重她这一点，所以不得已加以夸张，浑身是母亲了。"③ 史铁生笔下的母亲形象固然令

① 史铁生：《我与地坛》，北京：人民文学出版社 2011 年版，第 6 页。
② 卢升椒：《中国现当代女性文学与母性》，《中国女性文化》，北京：中国文联出版社 2000 年版，第 169 页。
③ 张爱玲：《流言》，北京：十月文艺出版社 2012 年版，第 184 页。

人感动，但他带有男权社会烙印的对于母爱的颂扬方式，忽略的是母亲作为个体女性存在的属性，在其文字中，我们感觉到的史母是一个母性符号的代表，而非她个人，她的经历，她的喜好，我们毫无所知，唯一的线索就是她对轮椅上儿子的牵肠挂肚。

"在一个男性社会里，在该社会关于观念、思维与行为方式、语言与价值的标准中，女人们失去了她们自己的现实。"① 这造成了我们对母亲这一形象立体认知的缺失，这种缺失，是母性永远臣服于父权制的话语体系之中的体现。母爱是本能，同时也是文化的产物。但随着父权制的坚固，文化传统对于母性的规约越来越成为禁锢女性的金口玉言，令人无处逃身，因为稍一挣扎，便会引来骂名。

夏娃与亚当犯罪后，夏娃遭到的处罚和诅咒是永远恋慕自己的丈夫并被丈夫管辖。千百年来的妇女命运似乎也在无形中应验这一咒语，在男权话语体系里，"出嫁从夫，夫死从子"的女性，在为妻子、为母亲的道路上，一再延迟回归自我的历程。这种宿命一再地被一代代女性传承。当然，"如果对孩子、丈夫、配偶的义务不再仅仅被视为依赖，而是被视为自愿、自觉地扩大和实现她们人生的可能性，只有在这些情况下，这种使许多女人感到如此消极，使她们充满恐惧和孤独感地作为自己积极生活成就来经历的东西才能持久"②。无论母亲的奉献是真正的忘我，还是有所保留，我们都不得不反思，在对母爱的颂扬之时，掩盖了多少不公与对个体人性的虐杀。对母爱的讴歌无可厚非，可是对母亲的期待与痛悔，架空了母亲作为一个个体人的独立意识，既没有从女性本身出发考虑母亲独特的生命体验与个体欲望，也没有考虑母亲所处的外在环境对她生活状态的约束和影响。单纯地展示符合自己需要的母爱本质，令其程式化，从而成为母亲们必须被动效仿的沉重榜样。在对母爱的期待里，母亲成为带着文化期待的被动牺牲者。她们在为女儿、为妻子、再为母亲的形象转换中，一再地延迟着回归自我的日程。

---

① ［德］E. M. 温德尔：《女性主义神学景观：那片流淌着奶和蜜的土地》，刁承俊译，北京：三联书店1995年版，第7页。

② ［德］E. M. 温德尔：《女性主义神学景观：那片流淌着奶和蜜的土地》，刁承俊译，北京：三联书店1995年版，第21页。

五

1989 年，史铁生遇到了后来成为自己终身伴侣的陈希米女士。他们的相遇过程，以及精神世界里的契合，有点像史铁生发表在《西北大学》文学刊物上的处女作《爱情的命运》中男女主人公的遭遇，陈希米女士的专业与小说中的女主人公一样，也是学的数学，并且就是因为读了这篇小说而记住了史铁生。十年后她到了北京，见到史铁生，二人相恋、结婚。可以毫不夸张地说，陈希米恰当地符合了史铁生的女性期待，她知性、性情温和、对史铁生的日常起居照顾得无微不至。

陈希米在生活上对史铁生悉心照料，她照亮了史铁生的生活，史铁生曾说没有陈希米就不会有史铁生。而数学专业出身的陈希米女士有自己的哲学和文学阅读体系，柏拉图、维特根斯坦、海德格尔、罗兰·巴特、弗兰茨·卡夫卡等都对她产生过影响。很大程度上，陈希米决定了史铁生的阅读领域。史铁生曾跟邻居王耀平先生说，"希米买什么书，我就读什么"。陈希米于史铁生的意义不只是提供了生活上的无微不至的照料，更主要的是，在精神领域，她令史铁生的创作也有了内向化的转变。

陈希米给史铁生推荐的索德伯格的电影《性、谎言和录像带》，被史铁生写进了《我的丁一之旅》，并且其所彰显的喻义："最高的关系在爱情里，在两个人之间，"亦成为他们的共识。陈希米对西方哲学的偏爱决定了史铁生对于西方哲学思考的纵深力度。他们不只共享阅读资源，还常常一起探讨。柏拉图说，爱欲激起砥砺品德的热情，这份生命的遇见，他们因彼此而完备。陈希米在史铁生去世后在悲痛中坚持思考、写作，她在《让"死"活下去》中如此道白自己的写作，"因你的愿望而写，给你写——必须扩展"，这份因由爱情的执着，使陈希米更加认清自我。在柏拉图的《会饮篇》中波赛尼阿斯说："一个人甘愿依顺另一个人，如果是因为他觉得这样可以让自己无论在智识还是在其他品德方面变得更好，这种自愿的依顺不能算坏事，也不能算低贱。"[①] 在陈希米这里，为史铁生所付出的一切并非自主性的丧失，若要说是，也是一种主动贡献。她将付出化作甘愿，作为女性，陈希米是幸福的。史铁生曾在一首诗中这样歌颂爱人：

　　"希米，希米

———————————————

① ［古希腊］柏拉图等：《柏拉图的〈会饮〉》，刘小枫等译，北京：华夏出版 2003 版。

见你就像见到家乡

所有神情我都熟悉……

希米，希米

你这顺水漂来的孩子

你这随风传来的欣喜/听那天地之极

大水浑然、灵行其上

你我就曾在那儿分离。"①

在陈希米看来，自己与丈夫的爱情亦是一篇在世神话，他们的幸与不幸都来自被选择的那一刻，"我们不幸被上帝选中。我们庆幸被上帝选中"②。在被选择之后的岁月里，他们二人在艰难世俗生活中精心地维系着这份选择。在史铁生逝世后，陈希米写了《让"死"活下去》，此书以沉着冷静的语言记录了史铁生离去后的点点滴滴，从字里行间可以见出，他们夫妇二人的爱情有着精神之爱与世俗之情的双层属性。

在史铁生离世的日子里，陈希米女士在悲恸中将大部分时间和精力都用在与亡夫的冥思交流中。她常常将一些哲学思辨放置在对亡夫倾诉的字里行间，彰显了其二人爱情关系的形而上色彩，即使只剩下孤身一人，不死的爱情亦可以成为活着的人现世生存的汲养。史铁生实际上就是陈希米灵魂所属世界的本身，灵魂超越寻常状态，而与超常的实在沟通，在理性直观中达到一种升华。陈希米在史铁生离世后的生，是一种死而复生，它带有延续史铁生属世生命的义务。

爱情如死之坚强，这是《旧约》雅歌当中的句子，世俗中的爱情，往往因匆忙和或多或少的算计而易逝。但是在史铁生与陈希米身上，我们看到了脱离俗世的爱情光芒，这种带有理想主义色彩的爱情演义，令人欣羡唏嘘，能考验它的似乎只剩下死亡。然而在死亡面前，我们看到，爱情的生命并不仅属于在世生命的范畴，原来在人的国度里，爱情真的可以像死亡一样坚强。在陈希米对史铁生的怀念文字中，其所透露的缠绵而不失生命质感的现世体验，淋漓尽致地注释着：当爱情如死之坚强，爱情也就超越了死亡。

---

①　史铁生：《扶轮问路 妄想电影》，北京：人民文学出版社 2011 年版。第 125 页。

②　陈希米：《让"死"活下去》，长沙：湖南文艺出版社 2013 年版，第 93 页。

六

在女人与生俱来的母性、妻性与女性中，母性往往在生子以后才更加彰显，但是在爱情中，女人对于恋人，除了保持自身的女性特质外，更渴望表现出的还有骨子里的母性。她们在仰慕男人的同时，更希望自己扮演的是一位施予者的角色，这种无私，无形中迎合了男性与生俱来的恋母情结。在《务虚笔记》中，即使是阅女无数的诗人 L，也执着地希求从女人那里得到永远的温暖。希望她们看清了他的真相而依然不厌弃他，供给他永远的欢乐。这种对永恒的寻求只指向女人，而女人的存在在这种希求中是温暖的代名词，女人等同于温暖。L 向女人坦露的同时，也是在寻求接受，他并没有当女人是一种需要被爱与呵护的对立面，他需要她们，因为他需要人呵护。

女人的伟大就在于看穿他们的自私，还可以无私地给予和包容下去。虽然 L 的恋人最后离开了，但这并不意味着母性的隐没，而是在爱情面前，恋人的女性意识最终战胜了母性情怀，最终她发现自己在 L 眼中并不是特别的那一个，她的离开虽决绝，但终究带着一丝不被认可的落寞，在这样的落寞里，她发现自己连牺牲的激情都没有了。同样在爱情里无能力继续的还有女性 O，虽然当初奔向爱人的步伐是那么坚决，而且死后依然不改初衷，但是 O 的母性情怀与女性情怀的双重挣扎，她将自己囚禁在爱的义务里，当这种爱无法再给予下去的时候，她只能以结束生命来谢罪，这种女性人物命运的设置无疑彰显了史铁生的大男子主义价值观，在他的意象里，女性的功能似乎就是付出与牺牲，这才是她们存在于世的凭证。在《妄想电影》里，男人称爱人为顺水漂来的孩子，这种将爱人当作孩子来珍爱的心理令人感动，但这"孩子"所做的事往往是他们的爱情得以存在的基础，即她在人群中只看到他，急他之所急，随时都准备着去为他提供帮助，这种需求关系能否称之为爱情？答案不置可否。在男人那里，爱代表着需要。

在爱情模式的某一段时期里，女人的妻性、母性有时也会本能地战胜女性意识，Z 或 WR 的母亲对于爱人的等待与寻找，并且在漫长的岁月里担当起抚养孩子的责任，这是妻性与母性的双重体现。但岁月并没有磨蚀她们本身所具有的女性意识，在孩子长大成人后，她们依然不忘当年的盟约，毅然再次踏上了寻找爱情之路。她们的爱情之所以能够维持经年，其中一个原因就是她们的妻性、母性使其忘记了个人的情爱得失。妻性历来不是一种独立自主的人性，作为一个好妻子的首要条件是温柔贤德耐得住寂寞。而母性的伟大是因为为了子女的生存与丈夫的延续后代付出了自己的代价，在这过程中，女性意识是被忽略的，这种忽略并不是被掩埋，而是当她们完成自己妻、性母性所赋予的使命后，她们的女性意识才可以独立彰显，继而才有所闲暇去寻找自己的爱情——也许早已不存在了的爱情。

七

在史铁生的笔下，女人是理想化的，她们的存在是男性视角对其的一种想象，在作者看来女性应该生于如水般细腻的南方，她们去北方往往就是为了拯救习惯于粗犷的男人，这种想象与其说是对于女性温柔的赞美，毋宁说是男人对于救赎的渴望。在史铁生的笔下，男性的残缺、柔弱、孤独都要依靠于女性来拯救，而女性所缺失的，求之不得的爱情，只能用熬人的守望去期待。

陈希米在《让"死"活下去》中，借着对史铁生逝去这一事实的接受，迎来了对生命深刻而沉痛的感悟，并进而将其升华到了哲思的层次。但依然在世为人的她，即使在思想上已经具有了化悲痛为力量的哲思能力，却忽然不明白起来："我不知道我是因为有了爱人才爱（那爱人爱的）那真理，还是爱真理才认出了（爱那真理的）那个爱人?!"[1] 在后面的一句疑问中，我们得出了答案："要是不深信现在我写的能被你看到，我怎么活?!"因此无时不在的"我"，只有通过与总是不在的"你"的对峙，才显出意义。我们可以猜想，如果没遇见史铁生，也许作者的属世生命会更加地完整，但可能也因为这完整而无法抵达生命原初的纯真而更显凌乱。在人生没有也许的情况下，一切都成了必然。在这份必然里，她安然地服从于成为史铁生太太所应有的宿命，同时完成了自己的个体完整性，她成为独具个体的陈希米。

作为从亚当身上抽离的肋骨，作为一名女性，作者非常驯顺地保守着自己的妻性，她说："到现在为止，我的热情，应该是'为男人'，我的中心是自己爱的男人，虽然我也有对智慧理性的热情，但必须要以那个男人的重点、兴趣为重点为兴趣——当然这个男人得是智慧的，有理性的。""我的'热情'不仅仅在我对你，而更是'我与你'，在'我与你'的关系中（也绝不是：我为你）。是：当你的眼睛看着我时，我就在了。"[2] 就像波伏瓦所说，"女人为了男人而存在，是她的具体境况的基本要素之一"[3]。然而在陈希米这里，为史铁生

---

① 陈希米：《让"死"活下去》，长沙：湖南文艺出版社2013年版，第93页。
② 陈希米：《让"死"活下去》，长沙：湖南文艺出版社2013年版，第66页。
③ 西蒙娜·德·波伏瓦：《第二性》，郑克鲁译，上海：上海译文出版社2011年版，第196页。

所付出的一切并非自主性的丧失，若要说是，也是一种主动贡献。陈希米清醒地看到，女人对男人的需要是为了男人，男人对女人的需要是为了他们自己。即使沉迷爱情之中时，他们对于另一半的需求依然是为我所用。

史铁生之前在文本中所流露出的立场，也从男性的一方暗合了陈希米的真知灼见，"我曾走过山，走过水，其实只是借助它们走过我的生命；我看着天，看着地，其实只是借助它们确定着我的位置；我爱着她，爱着你，其实只是借助别人实现了我的爱欲"。男人喜爱女人，更确切地说是为了博得女人的喜爱，不是为了享受她，而是为了享受自身，同样作为女性，陈希米借助爱情，实现了自我，就像罗兰·巴特所说，爱情是一种自我实现。作者帮助男人的同时完善了自己的生命。在属世的生命中，陈希米负担着史铁生日常生活的方方面面，但她毫无怨言，她已将其当成是一种命运的馈赠，甘之如饴。令人遗憾的是，当史铁生在世间的生命陨落时，陈希米发现，自己是如此全身心地投射在对方身上，以至他一旦不存在了，她就再也无法抓回自己，恢复自我。"我"爱时，"我"是十分排他的。他人的亲密成为一种伤害，来自外界的一切都构成一种威胁，是对她与他私有领域的侵略，孤独成为保护双方的壁垒。

| 第二章　宿命的写作

　　在史铁生看来，小说既不是消遣，也不是动员社会的宣传工具，也不止于风花雪月、儿女情长的浅吟低诉。写作小说的过程在于，在不确定的人生中，探寻到令人生活幸福的精神资源。亨利·米勒说，我们谈论命运，似乎它是某种惩罚我们的东西，然而却忘记了我们活着的时候每日都在创造命运。写作在一定程度上帮史铁生舒缓了厄运重创所带来的精神刺痛，通过写作中的精神开拓，他越发感恩于命运。

第一节　写作：史铁生的生命支柱

　　如果不残疾，史铁生不能确定自己还会不会写作。他本来就是一个涉猎广泛的人，上中学时，他在学校参加无线电小组，还在学校运动会取得过跨栏80 m第一名的成绩。初一快结束时，史铁生成为全校公认的德智体美劳全面发展的好学生。少年史铁生是个内向，但积极向上、爱好广泛的少年。在中学期间，他与挚友谈人生理想时，说自己想上清华大学，读理工科。在坐上轮椅之前，文学并不是史铁生的首选。这种选择当然也与时代氛围对青年人的引导有关，中国的教育政策分为三个时期，前两个时期分别是1905年以前的旧式经典教育时期和20世纪40年代之前的西方自由式教育，而1949年以后，则是第三个时期，"毛主席希望把教育政策的中心放在人民群众身上，所以他试着采取苏联的制度，培养意识形态健康的技术专家"[1]。在《我的梦想》中，史铁生并没有将文学作为自己的人生首选，"我常暗自祈祷上苍，假若人真能有来

---

① ［美］费正清：《伟大的中国革命》，刘尊棋译，北京：世界知识出版社2000年版，第344页。

世，我不要求别的，只要求有刘易斯那样一副好身体就好"[1]，史铁生的愿望以另外一种方式实现了，多年后，美国田径名将刘易斯在中国逗留三天时间，时间表几乎以小时为单元，他向中国方面唯一的请求是希望会见作家史铁生。当时史铁生与刘易斯在北京的会晤，成为许多新闻媒体竞相报道的话题。

一

很多作家会谈起自己写作的源起，比如老舍说："没有'五四'，我不可能变成个作家。'五四'给我创造了当作家的条件。"[2] 莫言之所以当作家是因为对于故事的迷恋，更具体地说是对一碗饺子的向往；余华写作的动力则来自对医院对面文化馆的向往。当然这些都存在作家自我解构理想的自我解嘲，但在作家实现理想的过程中，体现了时代对个人命运的影响，个人与时代息息相关，作家对于写作的选择，更多的是源于一种自发性，史铁生起初创作的具体原因是因为他的残疾。如果不残疾，史铁生说，他绝不会选择写作，他可能会读理工科，去做一名实干家，因此最终轮椅上的选择带有宿命的残酷意味，透露出被逼到墙角无路可退的绝境，因此也令人不得不正视这唯一的命运。欣慰的是，通过写作，史铁生同样获得了包括精神与物质的双重汲养。

然而一开始，史铁生决定用笔敲开命运之门的时候，很多人心里暗暗质疑他的选择，因为坐在轮椅上的他，缺乏实际生活经验，而传统意义上的写作需要现实的生活经验，但并非所有的作家都需要实地的生活经验来支撑自己的写作，在史铁生看来，"写作不是重现往事，而发现，是探索未知的心流"。心灵的真实有时更胜过客观浮靡的现实，所谓的生活是有心灵参与的生活，麻木地终日无所用心地活着，与行尸走肉实在无异，虽然有生命但却不能说有生活。生活中处处埋藏着作品，任何视角都可能产生好的作家，因此没有肉身参与的生活并不能成为作家的障碍。张爱玲曾说，"生活的戏剧化是不健康的。像我们这样生长在都市文化中的人，总是先看到海的图画，后看见海；先读到爱情小说，后知道爱；我们对于生活的体验往往是第二轮的，借助于人为的戏剧，因此在生活与生活的戏剧化之间很难划界"。

日常经验和个人习性必然会影响一个作家，他因由第二手资料而描绘的精神与物质世界，也许苍白失色，但其中所蕴含的哲思力度，却足以支撑起一个

---

[1]　史铁生：《我的梦想》，出自《我与地坛》，北京：人民文学出版社 2011 年版。
[2]　老舍：《"五四"给了我什么》，《解放军报》，1957 年 5 月 4 日。

人面对整个世界时的价值选择。当然不得不承认的是，坐在轮椅上的史铁生被大大削弱了参与外部活动的机会，写作成为冥思的表达，客观环境限制了他对事物的感知方式，令他转而用意识去接近、感受世界，进而形成自己的印象。用王安忆的说法，这令他对外界事物的汲取是第二手资料的性质。因此他只能从概念着手，而概念是别人的体验或者归纳过的结论，这令他与真实的对象之间隔着一道屏障，这隔着屏障所看到的世界难免变形，但变形的世界是经过他心灵感受过的。史铁生看来，代表世俗生活的白昼与他孜孜沉浸的黑夜之间，有着明确的界限，而界限的标志是心魂的参与。白昼的清晰是无限的，黑夜却漫长，尤其是那心流所遭遇的黑暗更是辽阔无边。

二

1979 年，史铁生的处女作《爱情的命运》发表在西北大学中文系期刊上，同年《没有太阳的角落》和《兄弟》连续在《今天》上发表，并得到好评及其他刊物的转载。而在这之前，史铁生经历了怎样孤寂的蛰伏与艰辛的探索，我们不得而知。在他的母亲还没有去世的 1977 年，他就跟母亲说过要写作，而在这之后的两年的时间里，史铁生没有作品面世，想必他一直在积累和思考，经历自我与他人的否定和认可的过程，也许是每一个作家必须经过的历练。

在《山顶上的传说》中，那个孤独的文学青年，生命中有两件东西是至为宝贵的，一个是爱情，再一个就是写作，可他总是收到退稿信，之所以被退稿并非是他功力不足，而是他所传达的价值观与刊物所秉承的主流价值观不符，"他合上稿子。那些用红笔作了标记的段落，正是他不愿意删改的。不能改。再说，怎么改？他正是要写这个不走运的人。改成走运？如果走运就是乐观和坚强，乐观和坚强岂不是太简单的事了么"[①]？我们不妨大胆揣测这个不得志的文学爱好者身上承载着史铁生的一些倔强。据友人回忆，"从 1979—1982 年，铁生的作品很难发表，发表后也受到冷落，因为他的作品基调的低沉，因为他的作品里游荡的那种感伤的气息。那时他的作品经常遭受编辑部生硬的删改"[②]。而 1979 年，《没有太阳的角落》和《兄弟》的发表，与《今天》的"自由"创刊理念不无关系。

1976 年前后，中国自由派精神继续在文艺和其他方面有所恢复，但是这种

---

① 史铁生：《山顶上的传说》，《史铁生作品集》，北京：中国社会科学出版社 2000 年版。
② 朱伟：《铁生小记》，《书摘》2006 年第 9 期，第 18—20 页。

恢复并没有达到彻底的松绑，《今天》创刊于 1978 年 12 月，由北岛、芒克主编，是一份具有同仁性质的民间刊物。1970 年代这种特殊组合是独一无二的，看上去是偶然，但这是后来人的错觉，他们的出身背景和个人经历物以类聚。隔着略微遥远的时间，再回想才发现，一切偶然里都潜藏着命运的必然，他们有着共同的青年记忆，对于现实同样存在迷茫和希望并存的焦灼状态，都想找回逝去的时光，最重要的是，他们都热爱文学和思考。

北岛在创刊号上以编辑部的名义执笔，称一个新时代开始了：今天，当人们重新抬起眼睛的时候，不再仅仅用一种纵向的眼光停留在几千年的文化遗产上，而开始用一种横向的眼光来环视周围的地平线了……过去的已经过去，未来的尚且遥远，对于我们这代人来说，今天，只有今天！在《今天》周围聚集了一批年轻人，他们的创作理念是从自我心灵出发，以象征、隐喻等手法表现真实。最终《今天》因为其激进的文学姿态，被限制出版。1980 年 9 月，根据"刊物未经注册，不得出版"的法令，《今天》被迫停刊，后虽申请复刊，但不被允许[1]。与此同时，在《今天》里刊行过的作品开始在社会上广泛流传，从诗到小说所传达出的美学观与思想内涵已成为不可忽略的精神财富。一些正式出版的刊物也开始有限度地转载它上面的文章，如 1979 年 3 月，《诗刊》转发了北岛的《回答》，舒婷的《致橡树》和《祖国啊，我亲爱的祖国》也为《诗刊》所转载。

史铁生的小说《没有太阳的角落》被《青年文学》转载，名字改为《就是这个角落》，《兄弟》则被《花城》转载。作为一位写作者，在文学上的努力被承认，还有什么比自己的作品被发表、被转载更令人振奋的呢？据柳青回忆，同样属于史铁生早期创作的《法学教授及其夫人》手稿交到她手上时，文章的成熟，文字的简洁，立意的深刻，蕴藏的哲理，苦涩中的幽默，一下子就把她抓住了。一位专业编者的敏锐告诉他："铁生快'出炉'了！"[2]

三

虽然被称为作家，但史铁生极力想要撇清写作与文学之间的关系。他说把文学留给作家，写作则属于一些不守这世间规矩的寻觅者。在论到写作于自我的意义时，史铁生充满诗情地这样描述："至于文学，我说过我跟它好像不大

---

① 洪子诚：《中国当代文学史》，北京：北京大学出版社 2010 年版，第 235 页。
② 岳建一：《生命：民间记忆史铁生》，北京：中国对外翻译出版公司 2012 年版，第 138 页。

沾边儿，我一心向往的只是这自由的夜行，去到一切心魂的由衷的所在。"① 史铁生认为，在写作中，作家不要是天命的教导员，作家应该贡献自己的迷途。在莫测的黑夜中，生命的意义不在于向外寻取，而在内在的建立。"我经常觉得，我与文学并不相干，我只是写作（有时甚至不能写，只是想），我不知道写作可以归到怎样的'学'里去。写作就像自语，就像冥思、梦想、祈祷、忏悔……"② 因由写作，他才看清自己是谁，才看清自己的犹疑、困惑，以及曾经不应有的执拗，同时因由写作，他也对自己的未来充满兴趣和好奇。写作于他是探求、是掘取、是受造，同时也在无形中惠及他人。人到底要到哪儿去？人是什么？史铁生在写作中寻找答案，对于他，写作是为人的生存寻找更美的理由。世界是由独立于人之外的物质构成的，现代人则处于物质的包围之中。情感靠不住，记忆靠不住，真实也靠不住，唯有过程中的探求，而写作正是探求最为真切而有力的途径。在史铁生看来，写作不是为了反映生活，而是以寻找、以创造去实现人生。

通过写作，史铁生获得了自由，文字所勾勒的自我世界，令他有了观众。关于生命中迷途的倾诉，令他不再孤单，"人从人与自然的原始一体状态中获得的自由越多，越成为一个'个人'，他就越别无选择，只有在自发之爱与生产劳动中与世界相连，或者寻求一种破坏其自由及个人自我完整之类的纽带，与社会相连，以确保安全"③。写作是他与世界联络的纽带，这纽带令他不再惊慌与恐惧。史铁生充满感恩地写道：写作让我不再惊慌，让我镇静之后对世界充满爱。写作令他在不解的疑难中，为困惑的自己开辟了一条美善的路。

谈到自己写作的初衷，史铁生坦言："先是为谋生，其次为价值实现（倒不一定求表扬，但求不被忽略和删除，当然受表扬的味道总是诱人的），然后才有了更多的为什么。"④ 在作家很容易被时代思潮影响的时代，史铁生的写作态度尤为坚定，他认为写什么和怎么写像是宿命，与主义和流派无关。一旦早已存在于心中的那些没边没沿、混沌不清的声音要你写下它们，你就几乎没法去想如何运作"写"这一动词。一切都已是定局，你没写它时它已不可改变地在那儿了。当把写作当作谋生的手段时，写作于史铁生是一种职业，当写作升

① 史铁生：《我与地坛》，北京：人民文学出版社 2011 年，第 23 页。
② 史铁生：《宿命的写作》，《文学界》专辑版，2011 年 4 月。
③ ［德］埃里希·弗罗姆：《逃避自由》，陈学明译，北京：工人出版社 1987 年版，第 15 页。
④ 史铁生：《病隙碎笔》，北京：人民文学出版社 2011 年版，第 226 页。

华为他的在世信仰时，便成了他的宿命。

第二节　史铁生早期创作谈

虽然命运给年轻的史铁生以重击，但是他并没有沉溺于自我命运的不幸而怨天尤人，在单纯思索有关命运的形而上问题的同时，他并没有将自己完全封闭。他有很多朋友，他的小屋是一个大家聚会聊天的"老地方"，朋友们带来外界的最新消息，品评时事。史铁生是一位有社会责任感的作家，他对于体制的思考，集中表现在他写作的最初阶段。

一

史铁生早期的小说《兄弟》体现了作者对体制贬抑人性的抨击，小说中两位人物的原型来自史铁生身边的人和事。小说中吴文北和吴文中两兄弟是中法混血儿，高级知识分子出身，他们因为血统而被误会，从此走上了报复社会的不归路。最终哥哥吴文北被枪决，弟弟吴文中后来被遣回法国。借由《兄弟》史铁生认识到社会舆论对于一个人的重塑是多么重要。

作为具有知青身份和经历的作家，在生活上经历了从城市到乡村的变迁。这种落差所带来的生存体验，对知青作家的创作的影响是显而易见的。他们的知识结构与"十七年"作家有相近之处，但一部分知青作家在"文革"期间通过地下阅读，获得了对世界认知、对表达的新的视域和方法。他们的文化背景很大一部分是西方移植文化，西方社会的思考与表现方法影响了他们的表达方式，如史铁生作品中对黑色幽默的成熟运用，对表现他的小说主题起到了有利的帮助。对"文革"中小人物命运（以知识分子为主）的书写，表现了史铁生的现实干预意识。

"干预生活"的创作肇始于1950年代的苏联文坛，它是针对"无冲突论"而提出的理论主张，在1950年代中后期传入我国文学界，它的创作特征是大胆表现生活中的矛盾，揭示真实的东西，拒绝粉饰与回避。但是1957年以后，反右斗争开始，"干预生活"的创作主张及上述作品都遭到了无理的批判，许多作家和理论家也因此长期蒙冤受难。但是，"在'文革'结束以后的新时期，这股封闭已久的文学潮流又被人们从历史深处开掘出来，汇入到新时期思想解放大潮之中，使之成为新时期文学拨乱反正、恢复和发扬现实主义传统的一个重要的理论支撑，这些文学上的'鲜花'在新时期又得以重新开放"①。

置身于新时期文学的史铁生，在创作上对现实的着眼点不同于之前的作家，亦有别于同时代的同行，他掠过生活表面的矛盾与纷扰，着重以人的主体性为切入点进行观察与表现。在他不动声色的人物命运描述中，所展现的是个人在浩浩荡荡的体制倾轧下的暗涌与挣扎，如何一步步沦陷自失、终至被践踏、磨灭。这样的作品以《法学教授及其夫人》和《关于詹牧师的报告文学》为主要代表。《法学教授及其夫人》是以史铁生的好友孙立哲的母亲为原型而创作的一篇小说。在"破四旧"（所谓"四旧"，即"旧思想""旧文化""旧风俗"和"旧习惯"）的行动中，孙立哲家里面有一本关于女性裸露细部的内容的教科书，孙立哲的母亲决定将它烧了，过程中却被红卫兵发现，他们怀疑这是烧毁罪证，要求留下姓名单位，听候处理。根据这段个人史，史铁生在小说中巧妙地进行了转化，只因法学教授夫人在"文革"中观看学校的党委书记被批斗时，见风流泪的眼睛流下了眼泪，她担心这可能会令人误解为对党委书记的同情，为此她与丈夫辗转难安。他们去找临时革委会主任试图说明情况，被对方当作莫名其妙的梦游送回家后，他们依然不放心，依然试图解释，但终因自我的纠结，思量过度，导致脑出血，教授夫人偏瘫了。他们的儿子也因为参与天安门的活动被逮捕，而成为这两位老人挥之不去的隐忧。在之后的创作历程中，史铁生很少再发这种愤慨之论，他渐渐以一位温和的时代观察者姿态，向内探索人性困境。

他看到人性在长时间的专制威压下，变得唯唯诺诺，而一旦有一天它被解除禁锢、重获自由时，反而首先不自在起来。这种异化的表现是作者对体制的绝妙控诉，同时也是对鲁迅一直痛心的民族劣根性的隔代哀鸣。在"四人帮"被打倒后，法学教授夫人在欢欣之余仍然忧虑，因为儿子可能依然脱离不了反革命的罪名，他们反复推敲的结果是，悼念总理的活动是发生在"四人帮"被打倒之前。教授夫人因此陷入了困境，不久便一命呜呼了。她胆小，畏畏缩缩，噤若寒蝉地生活，连最基本见风流泪这一生理反应都生怕会招来灾祸。小人物命运的悲剧，折射的是荒诞的时代群像，如何才能让这一切不重演？这是解教授为妻子送葬时所思考的问题，也是史铁生的无解之题。

---

① 於可训：《干预生活》，《南方文坛》，2000 年 4 月。

二

《关于詹牧师的报告文学》也是以"文革"为背景的一篇中篇小说，主人公是一个出身贫寒的年轻人，原名詹庆生，后来几经改名，分别为詹鸿鹄、詹小舟。他名字的每一次变化都与时代环境的更替息息相关，对于时代的敏锐认识，并没有使詹牧师成为识时务的俊杰，他只是带着一颗唯唯诺诺的心，苟活穿行于荒诞的世间。作者通过对詹牧师一生心理变迁的描写，反映了大的时代变动对知识分子人格心理的影响。詹牧师是一代知识分子群像的写照，通过他的遭遇，折射出人永远无法进行自我选择的尴尬生存困境。

在那荒谬的岁月里，在虚伪面前，真诚无容身之处，即使对自我，个人也无法做到完全的诚实。时代的悲剧不只表现在个人对命运的无法掌控，更大的悲剧是，人无法直视自我。詹牧师为了迎合主流意识形态的无神论思想，公然放弃了自己的基督信仰。小说的最后，在他的遗物中却找出了那枚镀金的十字架，这种小心翼翼的珍视背后所隐藏的心理，又违背了他生前誓死跟随的马克思主义信仰。通过詹牧师，我们看到在一个特定时代，中国知识分子的性格悲剧。

小说用黑色幽默的艺术手法表现了中国部分知识分子懦弱的人性，黑色幽默是20世纪60年代流行于美国的文学表现手法，主要通过夸张的艺术描写，来表现荒诞和令人无奈的现实，不直视人的痛苦，但是在不动声色的描绘中，反而将人性中的伤痕揭露得淋漓尽致，代表作家有约瑟夫·海勒，主要作品为著名的《第二十二条军规》。詹牧师的血液里有着与生俱来的劣根性，这种劣根性是鲁迅曾经深恶笔伐过的奴性思想，它生命力顽强，绵延于炎黄子孙的血液之中，是中华文明经络中的渣滓。詹牧师这样的知识分子，虽然有自己的信仰，但在现实中，他对不同的事有不同的应对态度。虽然人随事转，却也无法八面玲珑。

萨义德认为知识分子应该成为民众的喉舌，发民众所不能发的心声，"作为公理正义及弱势者、受迫害者的代表，即便面对艰难险阻也要向大众表明立场及见解；知识分子的言行举止也代表、再现自己的人格、学识与见地"[①]。詹牧师是一名典型的风派人物，掩藏自己的观点和立场，随时代的风向标随时准

---

① ［美］爱德华·W. 萨义德：《知识分子论》，单德兴译，上海：生活·读书·新知三联书店，2002年版，第11页。

备着改旗易帜。如前所述，在 1950 年代全国都在批判教会的时候，他公然宣布退出教会并发表背弃基督的言论，却又在教会恢复活动后，前去祝贺。他内心的迂回与不甘，被掩埋在外表的唯唯诺诺之下。他关心国内外大事，给江青、撒切尔夫人等写过信，喜欢体验一种崇高感，并且有着昂扬的个人英雄主义情结。他依然是没有根基的芦苇，因为一个善于背弃自己信念和立场的人是从来不被当局认可的。在任何时代，人们众心所向的是坦荡，哪怕是"九死其犹不悔"地为了某种众人所唾弃的信仰，因而詹牧师是被自我边缘了。时代的荒诞为很多人的命运涂上了悲凉的底色，而詹牧师在这层底色上又自作聪明地绘上了一圈晦暗的轮廓。

从史铁生早期的创作可以看出，他对体制的批判和对独立人格的呼唤。他期待在本土文化的土壤上，能够成长出一批特立独行的知识分子，他们能够仗义执言，不为五斗米折腰、耿直、勇敢、富于辩才，不管说真话要付出多大的代价，在他们看来都值得勇往直前，而要成就这样的人格，需要自身具有一种稳健的斗士般的理性活力，以及锲而不舍的自我奋斗精神。这个过程没有终点，并且不可能完美，但是它鼓舞着人心，让人相信在任何严酷艰难的环境中，总有一种独立的人格之美在期待着被建构、被重塑。

第三节　对"残疾"的体察与超越

因身患疾病而带来的行动不便，无疑会缩小与客观环境的接触范围，而这必将影响一个作家的创作视角，但史铁生的创作视角并没有因此被辖制，他的精神世界比一般人丰富许多，作为史铁生的生前挚友，王安忆认为他是那种思想很有光彩的人，"只是和他谈话要辛苦得多，他会进入一个玄思的世界，因为他是没有什么外部生活的，他外部生活非常非常简单，所以你和他谈话很快就到形而上去了，你就跟着他形而上……"史铁生通过孜孜不倦的探索，领悟到的生存智慧汲养着他轮椅上的生命。生活本身如同一场疾病，如何疗救它，共赴命运这场没有硝烟的战争，史铁生通过形而上的探索，给出了自己的答案。对于他来说，写作是对心魂的探寻。自从伤残以后，他所经历的心路历程一一映射在文字中。对于自身的伤残，史铁生经历了苦闷抗争到淡然面对的过程，这一过程伴随着的是对人类普遍困境的渐进式发现。

一

作为一位血气方刚的青年，最狂妄的年纪忽然失去了双腿，余生只能与轮椅相伴，作为常人也应该可以想象他彼时的悲痛与愤懑。刚得病的那几年，据朋友回忆，有人嘲笑他的腿，他便恨不得抱着炸药包冲过去，和那些人同归于尽。史铁生一开始的残疾心态同样发生在他小说中的人物身上，只是在小说中，这种残疾心态平和了许多。其早期的小说《没有太阳的角落》描述了三个残疾青年的生存状貌，他们生活在底层，虽然是三个人，但在心灵空间上却有种互相扶持、相依为命的孤苦意味，他们常常待在仅属于他们三个的角落里，因为只有在那儿才没有来自常人的异样目光。"我们三个结队而行，最怕碰见天真稚气的孩子。

'妈妈你看哟！'我们都低下头。

'叔叔受了伤，腿坏了，所以……'

铁子把手摇车摇得飞快，我和克俭也想走快些，但是不行。

'瘸子么?'

母亲的巴掌像是打在我们心上"[1]，有时候善意的隐藏比恶毒的辱骂更难忍受。据友人回忆，"有一次，铁生对我说，'我宁愿拿一只眼换一条腿'。又补充说，'再加一条胳膊'。之后，他看着我，好像在征求我的意见，我避开了他的眼神，无话可说"[2]。在伤残的命运轨道上，史铁生并没有完全沉溺于悲痛。他基于自身的生存体验，呼吁残疾人所应做的，是不要沉沦于自己的痛苦，因为这只会让自己更痛苦，同时也不利于生活的正常运转。在广大人群中，这三位青年是被边缘的，在这种残忍的无声状态里，他们依然执着努力经营人生，只为让自己像个正常人一样被尊重、被一视同仁。然而如何克服心理上的"残疾情结"却可能是残疾人一生都要修习的功课，它包括如何真正得到他人的尊重与理解，放弃自卑与怨恨，因为只有抱着这样心态的人，才可能与社会平等对话。

最残酷的是，他们像常人一样拥有爱与被爱的渴望，却要比常人经受百倍的磨难。通过爱情这面最明亮而刺眼的镜子，他们所努力掩饰的不堪反而欲盖弥彰。在史铁生的小说中，有许多情节写到爱情给残疾人的生活所带来的温暖

① 史铁生：《命若琴弦》，北京：人民文学出版社 2011 年版，第 31 页。
② 岳建一：《生命：民间记忆史铁生》，北京：中国对外翻译出版公司 2012 年版，第 235 页。

与希望，同时也写到爱人离去后，残疾人所面对的无奈与失落。同样在《没有太阳的角落》中，女孩王雪的到来，给他们原本向上但孤绝的生活抹上了一层温暖的色调，从此他们的生活中多了欢声笑语，爱情同时在三个青年的心中潜滋暗长。但女孩像一道闪电，在照亮了他们的角落之后，又注定倏地消逝了。王雪的离开是现实的一种，一般情况下，一个健全漂亮的女孩自然会选择一个正常、条件相当的恋人共度余生。她与大家的愉快相处，反倒像是童话一般地不真实，她是史铁生为笔下三位善良青年的灰暗生活织就的一道彩虹。

　　类似的遭遇还发生在《山顶上的传说》中，残疾青年与女孩虽然相爱，但敏感的他总认为"他就像是瘟疫，像魔鬼；他们在一起的时候像是在探监；他们的爱情像是偷来的……这些感觉就像是一把'达摩克利剑'，悬在他们心上，使幸福的时光也充满了苦难"①。对残疾人来说，任何幸福的时刻都可能变成下一秒的痛苦记忆。他们的自知所带来的自卑，尤其是世俗的偏见，令他们无法享受爱情的地久天长。"真是错了，弄错了！他把所有的语言都当成了真的。说'伤残了并不重要，重要的是看你怎么对待'，他信了，然而现实总是落在希望后面。"② 当他努力忘却伤残自以为融入正常人的行列中时，现实像刺针无时无刻不在提醒他赶快退回那个单属于"你们"的世界中去！

　　爱情不分疆域、阶级属性，任何一份爱情都随时面临失衡的威胁，因此可以犒慰伤病者的灵魂的是，即使是体格健全的人，也未必能够拥有完美的爱情，世间的任何一段感情都是千疮百孔的，无论处于什么样的阶层，人们都在寻觅着最终的归属，但归属不过是一个永远无法到达的彼岸。人性在爱情这个场域里是平等的。就像简·爱站在罗彻斯特面前正义凛然的道白，"如果上帝赋予我财富和美貌，我会让你难于离开我，就像我现在难于离开你一样。可上帝没有这样安排。但我们的精神是平等的。就如你我走过坟墓，平等地站在上帝面前"③。

　　在《比如摇滚与写作》中，史铁生写到一个伤残青年，没有以上几位残疾人物对自身状况的消极与自卑，几经思虑后，他终于大胆突破习俗，摇着轮椅去看望他的爱人。一路上，他过滤掉正常的目光，只希望这毫无防备的见面，能够给爱人带来些许惊喜。但是待她心事重重地从家里勉强走出来时，从她脸

---

①　史铁生：《山顶上的传说》，出自《史铁生作品集》，中国社会科学出版社 2000 年版。
②　史铁生：《山顶上的传说》，出自《史铁生作品集》，中国社会科学出版社 2000 年版。
③　［英］夏洛蒂·勃朗特：《简·爱》，祝庆英译，上海：上海译文出版社 1980 年版。

上，他看到的是拒己于千里之外的惊慌，她背后窗帷中亲人审视的目光，几乎要将他刺穿，他只得落寞地离开，再次回到他的伤残的孤绝世界。这种经历令他不得不承认：在这条命定的伤残之路上，自己所能做的只是安守孤独，或者祈祷。

二

"神判处西绪福斯把一块巨石不断地推上山顶，石头因自身的重量又从山顶上滚落下来。他们有某种理由认为最可怕的惩罚莫过于既无用又无望的劳动"①，在命运的磨难面前，史铁生的遭遇与加缪笔下的西绪福斯一样，迎难而上，只问过程不问结果。"但是在他们共同的扼住命运的咽喉的搏斗中，加缪的西绪福斯却缺少发生在史铁生身上的内心冲突——西绪福斯获得的是一种幸福的宁静，而史铁生则显示出一种生命的忧虑"②，史铁生赋予小说中的人物坚强而执着的生存信念，与其说是史铁生成就了他们，不如毫不夸张地说，是史铁生挎着一个个人物，走向了更为辽阔却依然频起波澜的心魂疆域。

史铁生的创作经历了从描写"残疾人"到写出"人的残疾"的变化，他认为所有人都不同程度地存在着残缺。早期的史铁生对于残疾人的关注，还停留在他们逼仄的社会生存空间，以及敏感易碎的内心层面，1980年代中期以后，肉身残疾的事实已成为一种被接受的事实。这种对命运的接受带来的是他更为从容的创作姿态，他将残疾的事实摆在人们面前，令人们正视这一残酷命运。他认为人所不能者，皆是限制、残疾。在一次访谈中史铁生坦言，在《命若琴弦》之后，"当时就好像心里忽然有了一种豁然开朗的感觉，也可能看成是在我写作中一次大的开窍吧。之后我发现，人的心魂深处其实比外界更丰富，也更无奈、更辽阔，更有得可写"③。《命若琴弦》中的老瞎子年轻时一心以为弹断一千根琴弦便可重见光明，为了这个结果他耗尽了心力，然而结果虽然令他哑然失望，但是走向结果的过程所带来的生之质感，一样不输于任何一种辉煌的结果。通过人物对命运演绎，史铁生为命运的疑难寻找到的答案是：过程才是生之意义所在。小说中师徒二人都双目失明，他们的生活状态是从一个地方到另一个地方的流浪，这种表象的生活状态同时也在喻示着一个哲学命题：生命本就是一场行走。

---

① ［法］阿尔贝·加缪：《西绪福斯神话》后记，郭宏安译，北京：新星出版社2012年版。
② 吴俊：《当代西绪福斯神话——史铁生小说的心理透视》，《文学评论》，1989年第1期。
③ 史铁生等：《史铁生的日子》，南京：凤凰出版社2011年版，第7页。

在这场生之行程里，"残疾主题"可以有更深广的意蕴，那就是人的广义残疾，即那种人在本体存在性上永恒的欠缺、人的命运局限。这种人本困境可以归结为以下三点：第一，人生来注定只能是自己，人生来注定活在无数他人中间并且无法与他人彻底沟通，这意味着孤独；第二，人生来就有欲望，人实现欲望的能力永远赶不上他欲望的能力，这是一个永恒的距离，这意味着痛苦；第三，人生来不想死，可是人生来就是在走向死亡，这意味着恐惧。所以"并不是残疾人的困苦就比健全人的困苦更困苦，也并不是残疾人的顽强就比健全人的顽强更顽强"①，在残疾面前，人人都分得应有的一份。

三

在《来到人间》中，一对夫妇是在各自的事业中都表现杰出的青年人，可是却偏偏生出一个先天侏儒的孩子，原本幸福的家庭从此罩上了阴云。身为父亲的男主人公面对自己的侏儒女儿，内心的痛苦矛盾不亚于妻子，在痛苦地护理好命运之伤后，他终于能够理性对待这一事实，在他看来，所有人的灵魂都在经受着生的折磨，残疾是所有痛苦中的一种。只是相较其他精神层面的痛苦，肉身的残疾所带来的痛苦具有永恒性和显在性。但既然需要活着，就必须面对现实，面对这带有永恒性的生之疑难。

在《原罪·宿命》中，十叔瘫痪在床，日夜躺在闭塞的小屋里，脖子以下全无知觉，只能睁眼闭眼、张嘴闭嘴、呼气吸气，可他活着，这像是一场生之酷刑。在有限的意识里，他将生存的艰难用诗意润化，在他的意念里珍藏着丰富的故事。孩子们爱听他讲故事，在他的话语里，夜空中星星之所以闪烁是因为它们在跳舞，在他的神话里，人可以祛除羁绊，自由驰骋，生产诗意般的神话是他活着的动力。生存的不堪在科学面前昭然若揭，但却可以靠诗意幻化为一幅朦胧的却炫目的写意画，"一个人总得信着一个神话，要不他就活不成，他就完了"②。《宿命》则体现出史铁生褪去了生之童画色彩后，直面命运残酷的勇气。因为只有直视过后，才能真正懂得自己在命运中究竟该何去何从。小说中的莫非年轻有为、风华正茂，即将出国深造，美好的前程在向他招手，爱情也在周围蠢蠢欲动。可是因为一场突如其来的车祸他失去了一切，他歇斯底里地探求原因，对之前所发生的一切追根溯源，最后发现一切不过是因为一只

---

① 史铁生：《病隙碎笔》，北京：人民文学出版社 2011 年版，第 235 页。
② 史铁生：《原罪·宿命》，北京：人民文学出版社 2011 年版，第 228 页。

狗放了一个屁，而这一看似无厘头的声响，却改变了他的命运。然而面对这场荒诞无稽的飞来横祸，人又能怎样呢？人只是上帝剧本中的一个棋子，"上帝说世上要有这一声闷响，就有了这一声闷响，上帝看这是好的，事情就这样成了，有晚上有早晨，这是第七日以后所有的日子"①，这段结尾仿佛是对《圣经·创世记》的揶揄，待发现命运并非全然理性后，接下来就应当考虑怎样承受。史铁生对自己的残忍之处，表现在当他发现了命运的不定，以及人力无法挽回时，依然为自己虚设向导。他让自己明白，靠着这向导并不能够真正抵达什么所在，也许根本没有实现的可能，但是仍要依靠它，并且全情投入。即使看穿了结局，仍要心存虔敬地演完"上帝"的剧本。

史铁生认为，在"上帝"的掌心，人只是其中的一个棋子，"上帝"说怎样行，人就应当怎样承受，人如果要活着，就得想法越过"上帝"设置的各种疑难。自杀是容易的，人都有结束生命的自由，通过自杀，人类可以完成对"上帝"的终极叛逆。但是自杀对个人来说，却是懦弱的行为。那些想死的人，那些不能承受生命的人，才会用死去逃避。

很多人将史铁生高扬为灵魂的歌者、精神巨人，他的黑夜之思启悟了许多迷茫的心魂。爱愿的缺失被史铁生认为是人之残疾的重症，个人生命意义的实现，除了靠孤绝的个人奋斗以外，在困境中，还要怀有爱愿。人生的困境此起彼伏，只要带着这种认知，便会发现希求命运的全面优待是一桩多么浅薄的愿望，唯有爱愿才是永恒的祈祷。"爱愿，并不只是物质的捐赠，重要的是心灵的相互沟通、了解，相互精神的支持、信任。"②

第四节　史铁生文字里的情与爱

一

史铁生的处女作《爱情的命运》，成稿于 1978 年 4 月，米兰·昆德拉说，所有的小说家也许都只是用各种变奏写一种主题（第一部小说）。《爱情的命运》涵盖了史铁生后来创作的所有主旨：命运的起伏变幻、爱情美好却疑难重重，以及人的自我困境。在之后的作品中，无论作者是遵循现实主义的创作常

---

① 史铁生：《原罪·宿命》，北京：人民文学出版社 2011 年版，第 250 页。
② 史铁生：《我与地坛》，北京：人民文学出版社，2011 年版，第 389 页。

规，还是别出新意地运用现代主义技法，所表达的内涵都没有离开过这篇小说所流露的主题。

　　小说写的是高干家庭出身的"我"与保姆家的女儿小秀的成长故事，从幼年到青年，"我"与小秀几乎见证了彼此的所有成长，"我"对小秀的感情渐渐变得暧昧，进而发展为两厢情愿的爱情。小秀并不是那种只会儿女情长的小女儿家，她有思想、有见解、识大体。由此可以昭示出，史铁生所认为的爱情关系里男女双方精神上相通的重要性，这也几乎成为他小说中男女爱情的理想模式，即灵魂上的平等以及精神上的可通。只是在《爱情的命运》中因为双方门第的悬殊，以及"我"的家庭所面对的社会压力，使得"我"与小秀的关系迟迟得不到社会的认可。而当"我"有机会获得更好的前途时，我对小秀的感情也渐渐淡了。外在的压力对于两个情比金坚的人来说，也许算不了什么。对爱情来讲，最为致命的是，其中一方为了某种利益先行退出。被出国的前景所诱惑，"我"维系爱情的动力渐渐消退，"我不愿说穿它，或者竟是不敢，为了小秀儿纯真的爱和连接那爱的理想。我随声附和着她，欺骗着她，甚至躲闪着她"①。

　　情爱模式中来自男性的这种犹疑，不得不让人想起《伤逝》中涓生不再爱子君时的为难，而且"我"与小秀儿的爱情，与《伤逝》中男女主人公的爱情经历有着雷同性质，即在起初时因精神的共鸣而走到一起，更注重精神上的交流，并且在这种关系中，男性总是充当着高高在上的启蒙者角色，同时他们又都是最先想要退出的人。虽然"我"在最后为守住爱情做出了一些牺牲，不惜与家人闹翻，但是"我"深深明白，自己也是扼杀爱情的刽子手。小秀是爱情里的受伤者，但是作为一个女性，她对自己的爱情悲剧也有着不能推卸的责任。出身卑微的她有着强烈的宿命意识，且终于顺从了命运，经过重重磨难后，小秀在给"我"的信中说："我相信了命运，当然不是因为我发现了造物主的确有，而是因为当我在数学界寻求安慰之际，懂得了有限的系数无论多大，在无限面前也等于零。世界上的矛盾和规律是无限的，而人们的认识永远是有限的。"②

　　作为初期创作，这篇小说在结构上虽然略显松散，但表达的内蕴丰富，这时的史铁生还是着重从生存表象上去突出生命的疑难，如人在体制或在与他人

---

① 史铁生：《命若琴弦》，北京：人民文学出版社2011年版，第7页。
② 史铁生：《命若琴弦》，北京：人民文学出版社2011年版，第11页。

关系中被禁锢时，他们的精神所承受的苦难。作者同时借爱情探讨命运，到底有没有命运？如果依照主流意识形态的观点，人是可以把握规律、驾驭命运的。但是当男女主人公都想要往一个方向去努力的时候，命运却偏偏往另一个方向运转，他们两人最终的分道扬镳，一方面是社会意识形态所造成的对立，令他们无法违逆，另一方面则是两个人中的"我"在试探面前的犹豫不决，以及小秀的退缩无奈。

二

陀思妥耶夫斯基在《地下室手记》中说，人是个朝三暮四和很不体面的动物，"也许就像下棋的人一样，只爱达到目的的过程，而不爱目的本身"[①]。对爱情的逃避就是对触手可及的自由的逃避，弗罗姆认为，人是社会性的动物，消灭自我，并进而试图克服无法忍受的无能为力感，这是受虐倾向的一个方面，它的别个方面是投降于自己之外的一个更大更强的整体，这个整体可能是人、机构、组织、国家等，成为其中的一部分，他便有种无法动摇的强大、永恒，而这种强大与永恒是爱情所不能给予的，他分享永恒的力量与荣耀，交出自我并放弃所有与之相联的自我主体。他不再是完整的个人，他献出了自由，但在与之相融合的权力中，他获得了新的安全与自豪。反观《爱情的命运》，"我"与小秀的精神之爱虽然甜蜜，但"我"却难以坚守下去，这份退缩正是人类自我困境的典型体现。

残疾与爱情是贯穿史铁生创作生涯的两个主题，女人在爱情中所起的作用，则是召唤爱人回到当初的伊甸。残疾是一个比喻，即指人的命运的局限。残疾即残缺、限制和障碍，是人类存在的根本困境。对于这种与生俱来的"残疾"，所能够将之疗治的是爱情。在史铁生的笔下，爱情是孤独的证明，起源于人与人之间的孤独与由此而生的寻找。人从一出生就在寻找爱情，爱情是心灵可以栖居的家园。但是在史铁生的笔下，爱情往往被告以悲剧结局，因为爱情随时可能丢失，爱永远被寻找着。

三

若要详细论述史铁生笔下的爱情，《务虚笔记》是绕不过的阵地，它不仅在一般意义上反映现实人生的种种困境，而且以多种模式展现了爱情的多种姿态。这些模式中，男女的爱情和婚姻关系的聚散离合共同组成这个模式的多维

---

① ［俄］陀思妥耶夫斯基：《地下室手记》，臧仲伦译，桂林：漓江出版社 2012 年版，第 30 页。

度空间。虽然作者也写了这些恋人、夫妻间的情与爱，有些情爱也写得刻骨铭心，但作者的初衷却不停留于表面的缠绵悱恻，通过这些男女之间错综复杂的遇合、离散和相互寻找，主要表达的是人生的种种偶然性和对幸福的永恒追寻。

书中的恋人们相爱、结婚，却又分离，看似是外界的阻力，但深层原因仍可归咎于当事人自己，人性的不确定。人心的防备与隔离，令他们无法真正敞开自己、接纳对方，因此找出种种理由来推诿幸福的可能。比如其中有人物以高尚之名，怀疑自己对对方的爱会连累对方，自己也就不是好人，而成为坏人。作者不仅着眼于道德层面来写他们的情爱，更是通过情爱本身来探究人性本相。在作者看来，所有情爱故事及婚姻结局都是残缺不全的，这是由一些不可抗拒的社会或个人身心方面的原因造成的，而这些恋人又在不知疲惫地互相寻找。作者认为，人的存在本身是悲剧性的，悲剧由偶然性因素造成，对这种残缺的补救和抗争，唯有借助于一对一的情爱中双方的诚实。

小说描写了几份在世俗眼中看来并不算美满的爱情，它们的悲剧源于他们中的人物在生活中被附加的残疾，这些残疾中，有些是外围的限制造成的，如客观的现实令人在爱情面前无法进行自由择取，甚至要以牺牲爱情为代价来疗治现实给予的创痛，但后果往往是更加沉痛。这是对人类生存悖论的隐喻，他们的孤独令他们渴望爱情，在得到的那一刻又不得不将之放逐，他们亲手将自己放逐出了原先盼望进入的"伊甸"。

四

对爱情的丢弃所引起"残疾"，有的是因为外界环境造成的，如医生 F 与导演 N 的爱情悲剧，便是 F 在父母与爱人之间选择了前者，而代价是瞬间白头与一生不尽的愧疚和思念。在决定与恋人分手前的，F 流泪演算着一道难题：如果他立刻宣布与 N 结婚，那么他父母的心脏就可能立刻停止跳动；如果他等到他父母的心脏停止跳动之后再与 N 结婚，那么他父母的心脏可能还要跳二十年。在爱情与亲情面前，他痛苦地选择了后者，在回家的路上以及之后的那个夜晚，他的头发以肉眼可见的速度在变白。F 的"残疾"是性格上的羸弱，无法对抗巨大而无形的世俗。

另外一种爱情里的"残疾"是由于性格悲剧造成的。画家 Z 在九岁那年所受到的冷落令他终生难以释怀，这位九岁的少年第一次怨恨自己，在那座美丽房子里所受到的歧视，仿佛是上帝为他开启的一扇命运之门，从此以后虽然世界的结构不变，寒冷与温暖的比例不变，但是在上帝的人间戏剧里，在 Z 身上所发生的一切事情，都变得没什么不可能了。命运的偶然性在瞬间发生，貌似是上帝无心的玩笑，实则是对后来一切必然性悲剧漫不经心的暗示。在后来的生涯里，在 Z 的价值体系里，爱情成为一种身外之物。他认为人在爱情里是不平等的，他的爱情观就像他的生存观一样被打上非常鲜明的等级烙印，所以在 O 奋不顾身的爱情面前，他可以允许自己心安理得且高高在上地享受着、践踏着 O 飞蛾扑火的柔情，O 的追随与仰慕只是他向少年时曾给予自己歧视的人们的一记响亮耳光。就连他投身的艺术，也成为他向世人称耀的勋章。艺术和爱情在他看是一回事，艺术是高贵的，因由这高贵，出产高贵品的 Z 自然也跟着自恃不俗起来，"爵爷有的是，可贝多芬只有一个"，在由艺术装裱起来的"高贵"里，他可以藐视众生。Z 自己也承认曾经恨别人，但他后来明白弱者恨强者是一件滑稽的事，这个世界原本只有两种人——英雄和奴隶，你不是英雄就甘心做奴隶不埋怨别人，要么你就自己成为英雄。

他永远活在密不透风的记忆里。Z 的画室里整整一面墙上都飘荡着童年记忆里的白色羽毛，在 Z 的表达方式里，它跃然夺目，白得静寂、优雅，但又柔韧、骄傲。通过接触的增多，O 看懂了 Z 的画作，同时懂得自己不过是 Z 童年时因为阶级差距而不得接近的那位小姑娘的化身。O 亦辨识出他少年时的伤痕，明白"他的全部愿望，就是要在这人间注定的差别中居于强端"。他被愤怒充满的世界里，根本容不下 O 的爱情。同时他因自卑而来的自负也令他无法驻足真正享受 O 所给予的爱情，爱情在他愤怒的人间足履中被践踏了。

五

史铁生笔下，女人在爱情中是执着的参与者，是倾情的付出者。当爱情因为外力阻挠而形将消殒的时候，表现最勇敢的往往是女性，对于爱情的坚守是她们可爱而可怜的地方。女人在爱情里的奋不顾身，昭示的是男人由理性致成的残忍与冷漠。从中可以玩味出，身为男性的史铁生对于女性独立意识不自觉的忽略。小说《务虚笔记》中，在所有夭折了的爱情里，女性的独立人格没有得到足够的彰显。在史铁生笔下，女性更多地被赋予了妻性、母性，她们在男性的人生里充当的是暂时的"伊甸"救赎者角色。

史铁生理想中的女性意识，体现了作为男性作者在性别意识上的局限性。波伏瓦认为，在男性作家那里，女性形象是一种介质，一种对象性的存在，一个空洞的能指。美国著名女权主义批评家桑德拉·吉尔伯特和苏珊·格芭在

《阁楼上的疯女人——女作家与 19 世纪的文学想象》中指出：男性文学中存在两种不真实的女性形象——天使与妖妇。在历来的男性作家文本中，天使是男性审美理想的体现，即美丽、温柔、贤德的"好"女人，而妖女则是不遵守前者原则，不顺从、自私的"坏"女人。以男性作者为主导的中国文学，偏于对女性天使形象的塑造，这是民族男性对于女性形象规约与曲解的一种文本体现。这种因袭的创作观念，即使在宣扬女性解放近百年的当代文学中也可见端倪。如张贤亮笔下的女性有着天使般可以拯救男人的品质，她们温柔、贤惠、识大体，总能在男人危难时提供无私的救援，这无疑是张贤亮对于女性的一种审美幻想，体现了他在男女平等观念理解上的局限性。另外贾平凹笔下的女性形象，时而妖娆如柳月儿，时而活泼明净如小水、小月，但都无一例外地成全了作者对于女性的想象，女性在作者笔下依然是男性泅渡的木筏，她们自身的价值在现实世界里则是空洞而乏力的。路遥对于女性形象的塑造可以说达到了完美的境地，无论是《人生》里的刘巧珍还是《平凡的世界》中的田润叶、田晓霞，他们都有着异乎寻常的温柔、美丽、贤淑，同时对男人有着无限的顺从与忠诚，这也无形中应和了古往今来文学文本中关于"天使"形象的塑造标准。

较之于之前的几位作家，史铁生对于女性形象的描写，更多地展现在精神领域，她们在男人面前的执着隐忍，是作家对于女性的一种幻想与期望。这种期望是以忽略女性个体独立性为前提的。她们的任何一种投入与执着充当的都是男性在读者面前存在性的注释。O 用对 Z 的爱情揭示了 Z 不愉快的少年经历对其一生的影响，从而了找到了自己在 Z 世界里的价值仅仅是为了向岁月里虚无的人示威雪耻，为此她不惜用死来捍卫自己的爱情，但留给 Z 的遗言依然是"在这世界上我只爱你，要是我有力量再爱一回，我还是要选择你"，即使在绝望中死去，死者依然怀有着希望。O 背叛之前的婚姻奋不顾身投入 Z 的怀抱，这种奋不顾身仅仅成为 Z 辉煌生命历程的一种底色，彰显的是 Z 久困于童年无法自拔的成长。若换一种角度来理解 O 对 Z 虽九死其犹未悔的选择，更彰显的是 Z 这位有着少年创伤的艺术才子，是多么地值得别人付出。即使在发现自己并不被爱后，O 选择自我结束生命，作者为 O 安排的来生依然是：还会爱他。这是多么美丽而壮观的男性幻想！O 的使命难道只是为了付出爱去彰显一个男人的生命吗？这让人不得不想到古代殉葬队伍里的妻妾，更为美丽的是，作者将 O 的付出以及她的殉情，还有来生依然会坚持爱下去的愿望，都统统归结为是其自愿，这更是让男士束手无策而可以心安理得地坐享其成的爱情馈赠。

六

波伏瓦说，凡是男人写女人的东西都是值得怀疑的，因为男人既是法官又是当事人，除了用 O 的爱情殉葬来证明 Z 的心魂所依外，在其他几段爱情中，史铁生依然没有放过那些女性，义无反顾地为她们附加上了忘我投入的宿命，即使被抛弃的 N 后来拥有了自己的事业，并且一直以她自己都意识不到的方式在无尽的岁月中鞭笞着 F 的心魂。但她在 F 世界里的存在，依然仅是一种底色，而并非参与者，在 F 的命运中，N 充当的是一种偶然性因素。她的存在向读者昭示，F 的人生轨迹，痛苦来源于他的赎罪意识，与 N 的存在无涉。

在《圣经·创世记》中，亚当与夏娃在偷食禁果后，上帝对夏娃的责罚中有一项是：永远仰慕你的丈夫。这似乎无形中成为历代女性的宿命，至少在文学作品中，当男性作者可以把握女性命运的时候，他们毫不留情地对女人充当了上帝的角色。根据男人的需要来描述女人的命运，这是史铁生的创作局限，也是所有男性作家的创作观念所因袭的狭隘之处，作为一位男性作者，他不可避免地承袭了在一代代作家的创作观念中所烙下的性别观念。

七

虽然肉体是灵魂的监狱，但脱离肉体的爱情是不完善的，作者并不避讳谈到爱情关系中存在肉体关系这一亘古以来的事实。在爱情关系里，性，一样至关重要。超凡神圣的精神之爱也离不开平凡琐碎的世俗生活，肉体生命的相伴是通往理想爱情的必由之路。世俗与精神相融的爱情才是理想的。

史铁生歌颂爱情的美妙，在他看来，爱情并不是一件纯粹自然的仅靠身体的坦露就可以顺理成章的事，性只是一种驱动力，一种本能，但是爱情和婚姻并不单单是如何满足性的问题。从人类发展的历史过程可以发现，人类的性本能已经发展得优雅而高尚，在人与人之间的交往中（特指男女之间），人们学会了要怎样做才能够取悦对方修饰自己。因而史铁生试图在性方面的表达更为坦荡些，他引用《圣经》中的典故来支援自己，因为亚当与夏娃吃了禁果，人才看见了羞耻！也是从那时起人心之间开始躲闪，大家用衣服和墙来宣布各自的尊严，心与身的距离成了可悲的咫尺天涯。生活在现代社会中的我们宁愿孤守自我，而不愿涉足外域半步，谨小慎微着对自我的领地严防死守。比接纳肉体更难的是敞开心扉接纳一个人，这可能意味着推翻与重建之前的旧我，而这无异于一场埋葬。因为对自我的保守与对他人的防范，爱情变得举步维艰。卡夫卡说，通过细致的观察可以发现，人们是永远不可能坦白一切的，甚至往昔那些看上去似乎彻底坦白出来的事情，后来也显示出还有根子留在内心深处。

只是史铁生对性的畅谈，近乎矫枉过正，他大胆承认，性，之于人，是一种语言甚至是性命攸关的语言！这似乎是在暗示自己的男性尊严——虽然他坐在轮椅上了，却并不是没有实施性的能力，至少在心境上，他是一个男性，依然有男性的需要和渴望。这种强调，与早年批评史铁生的一篇文章不无关系。早在1989年，上海的学者吴俊写了一篇《当代西绪福斯神话——史铁生小说的心理透视》，这是迄今为止唯一一篇大刀阔斧对史铁生进行评论的学者论文，作者运用现代西方存在主义对作品分析，同时运用阿德勒与弗洛伊德的心理学说对史铁生的创作心理进行剖析，认为他是自卑的，"他的'自卑情结'还由于他对于这种自身意识的省察，即他试图努力摆脱心灵中的这种自卑阴影，超越自卑，但同时却似乎又分明意识到终究无法摆脱，无法超越"①。同时作者认为，史铁生从来没有写过一篇关于性爱的小说，所有小说当描写到性时，都像是打了个擦边球，因而史铁生生活中的性压抑在文字中转变成性挑剔。

在史铁生的早期小说中，任何性爱都是美妙而不被祝福的，因为他们虽然可以享受赤裸相见的坦然，但是在心魂上仍然隔着厚厚的墙壁。史铁生为世人悲哀，但这种悲悯的姿态，在学者吴俊看来，却是史铁生性自卑的表现，和一种自欺欺人。在小说中"只要史铁生能够对男女性爱有所清醒意识，他就会不可避免地表现出一种抑郁情绪。'他本能地感到，他与她之间，有一道不可超越的界线，超越了，会是灾难'。《山顶上的传说》性爱或爱情在他的小说中从来就是黯淡的，有时甚至无异于灾难的前兆"②，史铁生被说中了几分，我们暂且不论，不过《山顶上的传说》中的青年所遭遇的求爱之路被阻的经历，正是史铁生本人也曾经历过的，并且他在小说与散文中不止一次地提到过那次虐心之旅。年轻的史铁生在一个春风拂面的日子摇着轮椅去看恋人，但是却止步于恋人的家门，恋人的亲友隔着窗帘看他的眼光，令他却步，醒悟自己所处的轮椅上的现实，而恋人面对他时的尴尬亦令他心灰意冷。在那一刻，他像是死去了一次，这是史铁生的初恋终结的标志，也是爱情在他心里暂时死去的象征性事件。吴俊在这篇论文中的一系列观点，史铁生笑纳了，在同期他附上了自己给编辑部的信，他大度地承认一些事实，称"文中论及的那个史铁生很像我，

---

① 吴俊：《当代西绪福斯神话——史铁生小说的心理透视》，《文学评论》，1989年第1期。
② 吴俊：《当代西绪福斯神话——史铁生小说的心理透视》，《文学评论》，1989年第1期。

我看干脆就认为那是我吧。除了他没有说到的，他几乎都说对了"①，这封回信，透露出史铁生豁达的胸怀，然而表面上的云淡风轻，却随着时光的流逝而日渐阴霾重重。

---

① 史铁生：《史铁生给本刊编辑部同志的信》，《文学评论》，1989 年第 1 期。

第三章 西方现代主义与史铁生的创作

第一节 1980年代西方现代主义传入的背景

1976年以后，文艺界进入一个较之前时期相对自由的创作阶段。改革开放带来的不只是西方物质文明成果，精神文化上的大量输入，也极大地丰富了中国文人干涸已久的学问之心。在很短的时间内，人们对西方资本主义国家的政治制度、经济文化、社会状况以及民情风习等，有了比较客观真实的了解和认识，同时也开始吸收和利用这些外来的文化成果，进行自我体系的重整与建构。在客观真实地了解、认识外部世界，以及吸收和利用外来文化的过程中，借助于中国学者对西方文艺思潮的译介，西方现代主义文艺思潮在中国得到较为集中的传播。

—

西方现代主义在中国的传播由来已久，它在中国的传播基本上走的是一条由浅显地被介绍到深入地被模仿、应用的路线。作为20世纪世界文学的代表性思潮，中国文学中的现代主义具有世界性与民族性的双重特征，既汲取了西方现代主义创作实践中的养料，又融入了鲜明的中国本土特色。无论处于何种社会体制，现代主义文学主要描写的都是在现代生存困境中被异化的人性，和人对细微现实的敏锐触觉。中国自20世纪以来，比较集中地接受和传播西方现代主义的时期主要集中在"五四"时期、1930年代和1950年代，离我们现在最近的一次传播，是在1978年至1980年代末这段时期。由于"文革"刚刚结束，"如果说新时期初政治形势的变化为西方现代主义文学的传播打开了政治通道，那么，在社会思想领域内各类话语的历史合力，则进一步为西方现代主义的传播赋予了理论依据"①。西方一百多年的文学思潮诸如意识流、黑色幽默等在短短几年内集中涌现于中国文学舞台。与此同时人类文化学、心理学等人文科学领域的著作以及相关的结构主义、新批评等，也统统被纳入"现代派"的范畴，被广泛而系统地介绍到中国。从历史背景上讲，现代主义产生于第一次世界大战后世界经济大萧条时期，它广泛运用各种超现实的手法，如象征、反讽、暗示、颠覆等，来表现现代社会中人的异化、荒诞感以及存在意识。其中尤其是存在主义的哲学思想、精神分析学的理论思潮和尼采、叔本华的人生哲学等，对这一时期文学主题的影响最大。与这些思想的引介相伴生的社会事件，反过来又促进了这些思想的被接受与理解。

因为在1980年代之前，学界对于西方文艺理论的认识不够深入，1980年代初期，随着中国作家的创作对现代主义的运用，学界内部对它争议也越来越多，反对者认为它带有资本主义符号，是腐蚀人心的毒剂。这种带有意识形态色彩的批评与质疑，因为先入为主的政治偏见，并没有真正触及现代主义的本质。到了1980年代中期，随着年轻的作家在创作中对于现代主义艺术手法的大量运用，对于现代主义的接受开始突破政治意识形态上的狭隘性，带有中国本土色彩的现代主义作品大量涌现。与此同时，学界关于文学主体性与创作方法论的讨论，扩大了现代主义文学的影响力，与这些现象相伴随的，是大量外来现代主义作品的译介。1980年代后期，随着风起云涌的带有现代主义特点的本土文学创作产生，评论界对于西方现代主义的认识渐渐进入到一个更为理性客观的层面。而这种态度的转变，是在对自我本土经验越来越自信的基础上产生的。这种渐变使作家渐渐远离西方话语的喧嚣回归到民族自身语境，从自我本身重新出发，寻找言说的可能性空间，表面看来削弱了文学的社会影响力，淡化了对政治功能和意识形态的诉求，但其开始更加肆意地张扬起文学本身的独立性，更注重自由空间和创造精神，这也是文学回归自身的可喜表现。

在这一时期传播的现代主义是西方思想文化界几百年的结晶，其中有些思想在之前就被译介过，在新时期它们有了更为与时俱进的注解。在这些西方思想的启悟下，青年作家结合其生活经验和社会观察，在作品中流露出了非常鲜明的现代主义创作倾向，如他们认为世界的本质是非理性的意志，世界由盲目的意志统治着，人生永远受意志的驱使，追逐无法满足的欲望。在思想解放的

---

① 叶立文：《"误读"的方法——新时期初西方现代主义文学的传播与接受》，北京：中国社会科学出版社2009年版，第11页。

自由空间里，回望过往生活中的荒诞不经，他们认为文学是权力意志的表现形式，权力是生命意志的集中表现，同时强调在荒诞的世界中坚持自由意志虽痛苦，却是高尚的，只有这样人才能恢复自己的尊严和价值。

二

1978 年，《今天》创刊，虽然这份刊物的存在时间不足两年，但它对当代的意义是不可估量的，最起码它开时代风气之先河，在创作上发出了时代青年的声音，反抗一统天下的主流话语，用身体力行的创作呼吁恢复了诗歌的独立尊严。同时《今天》作为文学阵地，还无形中扶植了一部分文学青年，史铁生便是其中之一。《今天》的创办之初，据北岛回忆，所要刊载的作品中，诗歌是现成的，参与创刊的同仁几乎都是诗人，独缺的是小说，为此北岛自己还写起了短篇小说。史铁生早期的两篇小说都发表在《今天》。可以说，《今天》是史铁生写作之路的开端。

1981 年，高行健的《现代小说技巧初探》在文坛上激起千层浪花，它冲击了积习已久的现实主义创作方法。现代主义创作手法开始在文学创作中被复制、转化和运用。与此同时大量的翻译作品涌入中国，从尼采、康德到拉美的加西亚·马尔克斯，中国的作者一方面在努力弥补荒废的时间，另一方面则紧追猛赶着西方的步伐。在西方话语的浸润里，1980 年代中期，中国出现了文艺方法热潮，文艺方法的大量更新和文学观念的向内转，使得 1985 年和 1986 年分别被文学界称为"方法年"和"观念年"。一批善于吸收新方法的批评家，大胆引入了系统论、信息论等现代科学研究成果，以现代化科学的综合化和构造性，打破了文学研究中传统思维的套路，激活了文学研究者的理论思维能力，在理论界引起了一系列观念性的连锁反应。

与此同时，在思想上，"人道主义、主体性等，成为 80 年代'新启蒙'思潮的主要'武器'，是进行现实批判，推动文学观念更新的最主要的'话语资源'"[1]。新启蒙，据李陀所说，最核心的东西就是援西入中，将西方的学问拿过来，重新解释"人"，开辟一个新的言论空间，这不仅要用一种新语言来排斥、替代"阶级斗争"的论说，更重要的，还要通过建立一套关于人的新的知识来占有对人和社会、历史关系的解释权[2]。对个人主体性的重视，不只表现

---

[1]　洪子诚：《中国当代文学史》，北京：北京大学出版社 2010 年版，第 203 页。
[2]　查建英：《八十年代访谈录》，李陀篇，北京：三联书店，2006 年 5 月，第 274 页。

在文学创作领域，在评论界，刘再复的《文学研究应以人为中心》和《论文学的主体性》两篇论文，系统阐述了他的"文学主体性"观点。刘再复认为，只有人才是文学的根本对象，赋予人物以主体的形象，也就是将人物当成独立的个体，作家只是行经他的灵魂，但是没有操控的权利，要赋予人物以自主意识和自身价值，要让他按照自己的灵魂和逻辑行动、实践。

刘再复的观点在收获一部分人的肯定的同时，亦得到了许多反对的声音，在后来反对"自由化倾向"的思潮中，它更是遭受了猛烈的抨击。文学评论界对文学主体性的正反两方面的讨论，对文学创作者起到了启示作用。他们开始有意识地建立起一套新的话语言说方式。在这种背景下，先锋文学应运而生。同时，先锋文学运动的产生和发展与1980年代后期的中国社会现实和人们心理欲求息息相关。对中国现代性的焦虑和渴望以改革开放、经济建设和走向世界的形式出现；现代西方的各类文艺作品、文化哲学著述被批量地翻译介绍进来，意识流、荒诞派、存在主义、精神分析、表现主义等西方思潮短时间内在中国文坛演习了一遍。在此种形势下，追求新、变成为文学创作和文学批评的动力和支撑，各类现代形式的创造和实验次第登场，各领风骚三五年。在这场文学形式的革命中，文学从关注内容写什么转向了如何写，对文学形式问题的关注成为重点。文体的自觉被提到作家的创作主题之上。作者最大的追求是形式上的创新，1985年以后，形式优先的文学主张占了上风。

三

先锋文学运动试图用西方现代主义作为自己瓦解现实主义的工具，这颠覆了1980年代以前文学创作主流的叙述程式，为形式赋予了本体论的意义。同时这场先锋文学运动也具有深刻的意识形态背景，先锋文学作家大多残留着"文革"的鲜明记忆，这种记忆无法用现实主义创作方法鲜明生动地呈现，只能借助于现代主义创作方法去进行不同程度的展现，如残雪的《黄泥街》，对现代性的追求和探索，表现在主体从主题压迫中的自我重新寻找与确立。同时先锋文学的形式实验有着自己未觉察的意识形态方面的表达，在文本与现实、语言与意义的这些分离中，文本重新建构了一种新的空间，在这个空间里，创作者的自我欣赏与沉溺一起构成一场语言的叛逃。

借着日渐斑驳的回忆文字，整个1980年代，青年一代有着蓬勃向上的激情，对于新事物有着不竭的好奇。但这样的激情与好奇，在史铁生身上涌动得并不明显。当同年纪的人都在意气风发的时候，他在想什么？身边许多朋友、同学都在忙着考大学、出国，在文坛上挥斥方遒的时候，他和善的微笑背后有怎样的失落与迟疑，没有人知道。他带着命运新赐的痛苦与孤独，摇着轮椅进了一家街道工厂，在那里跟一些与他一样身体上有残缺的人一起糊纸盒、画彩蛋，靠劳动获得微薄的收入。在那里，他工作了七年，直到因为身体健康状况恶化才辞去工作，在家专事写作。因此他说，写作一开始是为了谋生。只是为了提高写作水平所费去的时间和心力，并非一朝一夕之功。在灵魂广阔而寂寥的疆域里，史铁生一味地沉着于脚下的每一寸土地，偶尔抬起眼望一望未知的前方，那种凝望，沉默中晕染的是期待。

从凌厉的《今天》到温情的知青文学，再到轰轰烈烈的先锋写作，几乎1980年代的每一次文学潮涌里都有属于史铁生的浪花，只是史铁生的文脉如流水，行经某处，润泽土地，却又能够不留恋风景，继续蜿蜒前行。也许这种行走的姿态就是生存哲学的最好注解。

第二节   西方现代主义在史铁生作品里的流转与嬗变

求新求变的创新意识，是1980年代文学作者的普遍意识标签。只是因为过于急切，而略显焦灼，创作者普遍期望在不长的时间里走完西方百年走过的道路，"先锋是对未开垦之域的探问激情"，带着这种富有时代色彩的激情，他们创造了一批有艺术独创性且不失思想深度的作品。1985年，文坛上出现了一批不同于"伤痕""反思"文学的作品，如莫言的《透明的胡萝卜》、马原的《冈底斯的诱惑》、王安忆的《小鲍庄》、韩少功的《爸爸爸》、刘索拉的《你别无选择》，史铁生的《命若琴弦》亦位列其中。史铁生在小说形式上的大胆创新，使他善于在作品中发掘从前列为禁区的题材，对爱情、性、心理和潜意识进行深入探讨，刻画了无法进行道德判断的复杂人物形象。同时他还尝试新的美学风格和艺术方法，作品中对开放性结构的熟练应用，多种人称叙述的写作策略，以及对生存境况荒诞性的展示等，这些频繁的新变，既显示了一位年轻作家的创作生命力和激情，同时也在一定程度上反映了他在创新压力下的焦灼心态。

—

在一次访问中，史铁生曾坦言，1985年发表的《命若琴弦》是他创作的转折点，由此他开始向内探索人的灵魂境地。他发现，人心的心魂深处其实比外界更丰富、更辽阔。在一个个白昼激情背后有他无尽的黑夜沉思，在行经一个个人物的心魂后，他对自我的审视，那独属于心魂的疑难，从不说谎，尤其不对自己说谎。疑难，既是心魂被囚禁的后果，更代表着越界的潜能。史铁生极力摆脱文学理论的枷锁，对于创作方法的琢磨，并不受主流创作手法的限制。虽然伤痕与反思文学相继在文坛上引起过不小的轰动，史铁生的创作也在无形中应和了时代潮流，如《插队的故事》《我的遥远的清平湾》便被视为反思与寻根文学的代表作。但在现实主义文学占据主流的创作语境里，史铁生始终没有找到一块可以久留的创作领地，无论哪一个场域，他都是一位认真的过客。1980 年代以后，时值西方现代主义文学与拉美魔幻现实主义文学涌入中国的高峰时期，这为史铁生对多种创作方法的尝试打开了国际视角，且增添了底气。

　　作为新时期的一位作家，史铁生在对西方现代主义的接收过程中，着重于对其中存在主义的转化和运用。存在主义作为一种 20 世纪影响十分广泛的思潮，在哲学和文学以及其他领域都产生了深刻而久远的影响。"对现实否定更加彻底，但并未放弃走出困境的努力；从内向化、梦幻化的神秘倾向，转为直面荒诞的世界和荒诞的人生；悲观色彩更加浓郁，哲理思考也更加深入"①，存在主义的哲学先驱是克尔凯郭尔、海德格尔等，至萨特，存在主义开始渗透于社会生活和文学创作领域。让·保罗·萨特是法国著名的哲学家、作家，也是存在主义哲学和文学的代表人物，他的代表作品有《存在与虚无》《存在主义是一种人道主义》《墙》《恶心》等，他的存在主义观点更为关注人的个体生存境况，无论是客观环境的困境，还是人本身的疑难，无不在证明存在是荒诞的这一主题。存在主义总体上认为人生原本毫无意义，而人类试图去把握人生的努力最终不过是徒劳，但是既然活着，人就必须"在荒诞中选择，并付诸行动，以实现自我追求的人生价值"②，进而摆脱眼前的困境，恢复人之为人的尊严，存在主义哲学虽然视人生为荒诞、虚空，但其对待人生的态度具有积极意义，存在主义为史铁生对命运的体察与反抗提供了精神汲养。

　　史铁生在《宿命的写作》中对人生的痛苦进行理解时，援引了存在主义的典型句子，"正如存在主义所说，人是被抛到这个世界上来的"③。史铁生认同存在主义对人类生存境况的体察。同样是存在主义大师的加缪则开启了史铁生

---

① ② 朱维之：《外国文学简编》欧美部分，北京：中国人民大学出版社，2004 年版。
③ 　史铁生：《宿命的写作》，《文学界》专辑版，2011 年 4 月。

在文学创作上对另一主题的开拓，即人在与生俱来的生存困境中如何脱颖而出成为一位荒诞的英雄，在绝望中反抗，同时史铁生也表达了对诚实的呼唤。阿尔贝·加缪是与萨特同名的法国存在主义作家，他的代表作品有中篇小说《局外人》、哲学随笔《西绪福斯神话》等，它们共同完成了加缪对存在荒诞性的阐释。通过《局外人》的人物默尔索，加缪表达了对"真实"和"真诚"的偏爱，默尔索是一个普通人，在得知母亲去世的消息后他依然故我地生活、交友，表面上一副无所谓的态度。《局外人》的开头，乍一读起来，默尔索冷漠得令人愕然："今天，妈妈死了。也许是昨天，我不知道。我收到养老院的一封电报，说：'母死。明日葬。专此通知。'这说明不了什么。可能是昨天死的。"① 其实他深爱自己的母亲，"妈妈"，虽已成年他依然不改儿时对母亲依赖时的亲昵称呼。对默尔索来说，真实的感情与外在的表现并无关系，他认真生活，不顾外人的指责。以执着而深沉的激情成为加缪心目中的当代英雄。加缪在《西绪福斯神话》中以西绪福斯推巨石上山周而复始，无始无终的意象，更为形象表达了荒诞的永恒性，折射的是现代人的生存境遇，西绪福斯是荒诞英雄的象征，他无尽的痛苦承载的是无尽的激情。

因为肢体上的残疾，在二十岁的年纪忽然失去了双腿的行动能力，史铁生是带着对命运的费解开始文学创作的，这就不免使他的创作特质鲜明而迥异于一般的作家，首先因为客观条件的限制，史铁生所接触的世界往往来自第二手资料，这就导致他在文字中所传达的世界在某种程度上带有形而上的抽象性，而史铁生在作品中所传达的宿命意识、荒诞人生等等这些主题，这也正应合了存在主义的内涵。

二

史铁生对法国作家阿兰·罗伯·格里耶的《去年在马里昂巴德》和玛格丽特·杜拉斯的《情人》这两部作品推崇备至。前者是法国新小说派的代表作，新小说派发端于 20 世纪下半叶，它的核心是主张人"应该描写所看到的物质世界，而不是由人去赋予某种意义或某种主观色彩"②。新小说派是时代怀疑精神的产物，作家将小说的重心放在了技巧层面，但并非空洞的炫技表演。格里耶对物的精确描写，被称为"物本主义"的发端，而史铁生认为，格里耶的

---

① 加缪：《局外人》，郭宏安译，上海：译林出版社 1998 年版，第 1 页。
② 朱维之：《外国文学简编》欧美部分，北京：中国人民大学出版社，2004 版。

"物"主义，确实不像他所希望的那样，摆脱了人的主观构想、主观色彩，达到了纯客观的真实。在史铁生的理解里，格里耶通过文本所要表达的是："必须摆脱那些固有的、僵死的、屈从于习惯的对存在的观念，从那里走出来，重新看看人与这个世界的关系，看看你心魂的无限领域吧。所以他笔下的真实都是'不确定的真实'。"① 在空白和悬念处，格里耶为读者开辟出一块种植梦想的空间。在疯狂的物欲和僵死的规矩里，展开梦想，就是拓展生命的维度。

当人心因欲望的蒙蔽而越来越迷茫的时候，《情人》的叙述语调则可能是对至纯人心的一种召唤，在如怨如诉的独语中引导文学的回家之路。"杜拉斯《情人》中的那种独自诉说！我们需要她的声音，那种语气，那种不加雕琢的侃侃而谈，沉重而又轻灵地把我们牵回梦想"。史铁生欣赏《情人》这种看似没有任何技巧、规则、方法的言说方式，而最为打动他的是，年华已逝的杜拉斯对自我与读者的诚实。在《情人》的开头，年逾古稀的"我"仿佛在对着一面镜子，优雅又沉着地娓娓道来，"我已经老了，有一天，在一处公共场所的大厅里，有一个男人向我走来。他主动介绍自己，他对我说：'我认识你，永远记得你。那时候，你还很年轻，人人都说你美，现在，我是特地来告诉你，对我来说，我觉得现在你比年轻的时候更美，那时你是年轻女人，与你那时的面貌相比，我更爱你现在备受摧残的面容'"②。对于这样的开头书写方式，史铁生尤为赞赏，但他自叹也许生命还需要一段积淀才可能拥有这种类同的优雅，因诚实而带来的优雅。

史铁生贯穿整个 1980 年代的创作，与现代主义色彩的某些理念有着十分具体又时而隐晦的关系。他在作品中着重探讨命运的谜底，完美地阐释了存在主义哲学，以实际行动解释了存在主义的内涵，虽然他自己谦虚地说不清楚存在主义的全部内涵到底是什么，但是他承认自己的创作无形中应合了存在主义的某些理念，与此同时，他面对命运的疑难时的坚韧姿态，亦为存在主义做了立体形象的注释。

---

① 史铁生等：《史铁生的日子》，南京：凤凰出版社 2011 年版，第 186 页。
② ［法］玛格丽特·杜拉斯：《情人》，王道乾译，上海：上海译文出版社有限公司，2018 年版。

三

在经历了轮椅上无数个不眠之夜，和现实中的一次次无果之行后，创作于1980年代中期的《命若琴弦》是史铁生给自己的一份答卷。在这篇小说中，作者描写了瞎子师徒两代人的命运，他们总是从一个地方流落到另一个地方，所靠的就是手上的弹唱技艺，虽然在外人看来他们的生活是晦暗无望的，但他们心中却依然燃烧着重见光明的信念之火。作为师傅的老瞎子告诉徒弟，弹断一千根琴弦就可以去抓能看见光明的药。年轻时的他为了弹断一千根琴弦，在技艺上严格要求自己，弹唱功夫日臻完美，过程的投入多少冲淡了因残疾而带来的自卑，他的技艺最终得到了听众的赞赏。用五十年的光阴践行自己目标的同时，又可以得到周边人的认可，这样的人生，即使对于常人也不失完满。只是当终于弹断一千根琴弦的老瞎子，信心满满地上路去寻找他的药方时，命运的面纱终于揭开了它原本残酷的一面：根本不存在那种神奇的药方。五十年积攒的希望瞬间灰飞烟灭，他才不得不接受永世黑暗的事实。希望的破灭并不代表之前的一切都是徒劳，那些辛劳照耀了他的生之行程，成为他人生中最光彩耀人的财富。在幻灭之后，"他一路走，便怀恋起过去的日子，才知道以往那些奔奔忙忙兴致勃勃的翻山、赶路、弹琴，乃至心焦、忧虑都是多么快乐！那里有个东西把心弦扯紧，虽然那东西原是虚设"[1]。《命若琴弦》的创作主题是在创作上对存在主义哲学的一种文本演绎，作者为人物设下了苦难，而终极目的是要探讨人物在极端悲剧的命运角落里，自己如何突围，如何寻找生之意义的选择。这一如萨特的存在主义强调的正是因为人的存在方式是时间一往无前的过去、现在和未来，所以人类的通路是指向未来的，人的存在先于本质，行动和介入使人能够创造自己真正的本质，人可以自己创造未来。而当人们对于生命的摄取遇到障碍的时候，人应该本着一往无前的信念，为自己寻找继续前行的动力。

老瞎子在个人的幻灭里继续艰难地维持着现世生存，为了抚慰小瞎子与自己一样冰冷的困境，他不惜将谎言延续下去，而这番苦心的经营则源于"爱"。在老瞎子的一生中，除了传授技艺，更重要的是他用爱为小瞎子织了一张温暖又终将冰冷的网。试想如果没有这所谓希望的牵引，小瞎子的人生将会误入哪一段迷途？又会在怎么样的绝望里虚度？老瞎子的幻灭直接逼着小瞎子去直面

---

① 史铁生：《史铁生小说选》，北京：人民文学出版社 2009 年版，第 93 页。

根本不存在童话的人生，但是老瞎子决定把这个童话守护下去，在残酷的真相面前，他告诉小瞎子要弹断一千两百根才能得到重见光明的药方，小瞎子如果信了，他也许就有福了，可以在奔着弹断一千二百根琴弦的目标活下去，其间他可以扯紧欢快的琴弦，也许此生都不必去面对那张无字的白纸，带着未完成的遗愿幸福地离世。小瞎子是幸运的，师父的巨大幻灭也许不会发生在他身上，即使在有一天他发现了真相，至少在他生命的某段较长的岁月里，他的人生被一个念想牵引着，这念想是光、是他前行的动力。

师父所给的希望是用他巨大的幻灭感换来的，对于谎言是揭穿还是守护，他选择了后者，他要将这份注定幻灭的希望传家宝一样地在师门里流传下去。老瞎子用自己的苦心所领悟的命运密码是"目的虽是虚设的，可非得有不行，不然琴弦怎么拉紧，拉不紧就弹不响"①，最终接受命运的残酷真相，同样折射着史铁生曾走过的心路历程，写作是他为自己选择的生存姿态，"因为我活着，我才不得不写作"，这就像是那张药方一样，给予了他一个目标，一个活下去的动力。

生命中重要的是行走的过程中，个人是否全情投入，义无反顾且能够带着生之激情。老瞎子在幻灭后对命运所持有的姿态与西绪福斯有着异曲同工之处，加缪所赞赏的"荒谬英雄"西绪福斯，被罚往山上推巨石。"人们只看见一个人全身绷紧竭力推起一块巨石，令其滚动……目标终于达到了。这时，西绪福斯看见巨石一会儿工夫滚到下面的世界中去，他又得再把它推上山顶"。在石头推上去再又滚下来的反复轮回里，西绪福斯接受了自己的命运。西绪福斯的遭遇是人类普遍命运的寓言，"当西绪福斯用他旁若无人的勤奋，不朽的受虐者的耐力，反过来嘲笑着神，把一生的苦行变成充实的快意的时候，不就是一切意义的证明之所在吗"②？由此可见，世界的现实以及人类的命运底色是悲是喜，取决于个人选择和所付出的行动。西绪福斯是古代神话中悲剧命运的化身，是一个受难者的形象。但是，在存在主义思想家加缪的笔下，他却成了一种与命运抗争的觉醒了的人类精神的象征。于是，"西绪福斯神话"便具有了现代意义，它是人类精神在各种现实条件下艰苦奋斗、摆脱厄运、实现理想的永恒写照③。

① 史铁生：《命若琴弦》，北京：人民文学出版社 2011 年版。
② 张清华：《像西绪福斯一样》，《南方文坛》，2002 年 4 月。
③ 吴俊：《当代西绪福斯神话——史铁生小说的心理透视》，《文学评论》，1989 年第 1 期。

四

史铁生惯常叙述个人在命运面前的抗争姿态，借人物来表达自己对于命运的思考，与之前的现实主义小说的习惯性模式截然不同，这种创作方式体现了观察视角从外向内的转变。这是现代主义的创作模式对于传统现实主义创作套路的超越。像一位考古学家对于地表的层层掘进，史铁生把对命运的拷问方式锤炼得愈加严酷，因为能否到达心境的澄明就在于能否抵达思考的根底，"或许这人间真的不过是一座炼狱？我们是来服刑的，我们是来反省和锻炼的，是来接受再教育的（改造客观世界的同时改造主观世界）"①。这个过程无疑要经历残忍而酷烈的灵魂拷问，但待一切迷雾都见清明之后，史铁生终将会以轻盈的姿态微笑面对命运的重重刁难。

作者所塑造的老瞎子这一悲剧英雄形象令人钦佩。在现实中，史铁生的境遇比老瞎子更为难。突如其来的病灾，令年轻的他猝不及防，而且他被告知自己的腿伤无法治愈。最狂妄的年纪忽然失去了双腿，如何去面对接下来的人生，又该怎样去生存，这是二十一岁的史铁生不得不面对的疑难。在经过了无数的挣扎、抗拒、幻想和破灭之后，在无数次的想到和经历了死亡的考验和诱惑之后，写作成为他在这尘世里的行走方式，他将自己对生命这一主题的思考纳入到了小说中。

史铁生前期的小说中很大一部分篇幅是以残疾人为主角的，在小说中他为他们设置了各种各样的残疾，他们在这样的生存局限中自我突破，在一系列的打击面前没有低头，反而激起了更加顽强的生存意志。史铁生对于残疾人的生存命题的思考，渐渐上升到人类命运这个更大的主题。

五

史铁生 1986 年创作的《我之舞》，可谓是他此后所有创作意念的一个起点和汇总。他由之前根据自身体验的创作路线，一变而成为对于命运形而上的追问。这个短篇小说里几乎包容了史铁生日后所有的写作原型，承纳了史铁生所有念念不忘的追问，比如生和死，比如有限和无限，以及命运对人的限定。除此之外，就连男女之间那富有形而上思辨色彩同时又不失插科打诨的对话，也成为史铁生日后的小说创作里，用男女对话来演进小说主题的习惯肇始。《我之舞》叙述两个不知名老人的自杀这一既成事实，以及四个各有残疾的青年人

---

① 　史铁生：《病隙碎笔》，北京：人民文学出版社 2008 年版，第 32 页。

关于此事的种种反应，以及他们各人的命运遭遇。在小说中，"我"的双腿并没有因为要毕业而有任何好转，这体现了命运的顽固性，要想存活就必须先接受残疾这严酷的命运安排。与他一起游荡在一座僻静的古园的，还有另外三个同样有残疾的人，他们分别是老孟、世启和路。路是先天愚，老孟虽坐在轮椅上，却更像一位智者，在醉意朦胧的情况下，他依然可以对所处的日期了然于心，他是一个活在时间里的人。

那两位陈尸古园的老人，他们的灵魂还在古园里游荡，灵魂间的对话富于哲理思辨。史铁生借助男灵魂的口说，死不过是一个辉煌的结束，同时是一个灿烂的开始，这就否定了生的普适性意义。在无限的时空里，人无论以何种形式存在，无论存在于第几维空间，人都是这世界的主体。"世界就是人们所知道的那样。除了一个人们所知道的世界没有别的世界了。"① 所以不必去介怀别人怎么看，小说的名字《我之舞》的起名用意，也许就像老孟所说的，"你要是跳起来你就知道了，路，你就会看见全世界都跟着你跳"②，归根到底，生命的意义还是取决于个人存活的姿态是积极主动还是消极被动。在承认生命的虚无后，战胜它，超越它，在信仰的废墟上重建理想，获得生命的意义。两位老人在死后的灵魂对答，是史铁生关于生命意义由目的转向过程的现身说法，"因为只要人们眼光盯着目的，就无法走出绝境。而一旦转向过程，即使'坏运也无法阻挡你去创造一个精彩的过程，相反你可以把死亡也变成一个精彩的过程'"③。于是意义的呈现从终极目的转向实践过程，这是看透生活又热爱生活的英雄精神。加缪说，"真正严肃的哲学问题只有一个：自杀"④。史铁生生理上的忽然残疾使他对生命的意义发出了疑问，是生，还是死？只有当人被逼到考虑生死的时刻，才有可能在精神上获得新生。

六

萨特指出，将自己投身于这个世界，在这个世界遭遇苦难的过程中，人渐渐定义了自身，而这个定义永远也不是封闭的，而是开放的。因而我们也永远不能定义"人是什么"，直到人类消失。两位老人是自杀的，这是对加缪非常严肃的哲学命题的现身演绎，所体现的却是他们对于生的怯懦。在真正生的时

---

① 史铁生：《史铁生小说选》，北京：人民文学出版社 2009 年版，第 125 页。
② 史铁生：《史铁生小说选》，北京：人民文学出版社 2009 年版，第 123 页。
③ 许纪霖：《另一种理想主义》，上海：复旦大学出版社 2010 年版，第 154 页。
④ ［法］阿尔贝·加缪《西绪福斯神话》，郭宏安译，北京：生活·读书·新知三联书店 2014 年版。

候他们却并没有舞出自己的舞步，他们选择了死亡，也就是选择了逃避，死后的事，死后的了悟，无论多么洞明，都将是一场虚无的探讨，因为人生不可能再重来，死人对于现世是没有发言权的，更何况是自杀的人。男的一方在试图向女方说明死不是现世的结束，而人作为主体在空间里是无处不在的时候，老孟仿佛那个敢于道出皇帝新衣真相的小孩，打破了他的自我安慰。他认为他们的自杀是懦弱的行为，行魂永远属于勇于生的人。两个亡魂不得不收起本来就战战兢兢的坦然，掩面哭了起来。他们在这世间的舞蹈并不完美，他们没有活出自己。他们之所以自杀，在老孟看来，是因为太看重他们是谁，和那些杂七杂八不重要的俗事。

两位死者在现世里是正常人，可是他们的意志削弱了他们面对现世不如意的能力。世界是荒谬的，看穿它并不难，难的是如何在看穿后依然坦然地活下去。"我"虽坐在轮椅上，不被用人单位接受，但是"我"不会选择自杀，因为"我知道，活着的一切梦想还在牵动着我"①，无论现实多么荒诞，作为主体的个人所能做的就是超越它，在自我的精神乌托邦里跳出自己的舞蹈。在存在主义者看来，人类生存在一个空虚的物质世界，没有过去，没有现在，更不会有将来，只是一个瞬间的存在。

在存在的荒谬空间里，四位身有残疾的人，成日在古园里陪他们中的一位等待他不知何时会归来的妻子，她走的时候是前一年的秋天，而此时已是夏天，女人走的时候说天冷前就会回来，后来又来信说年前准回来，以后又来信说过了年就回来，归期越来越延后，甚至到最后连承诺都不再有了。但世启仍决定在女人最后一封信里所约定的地点等下去。《等待戈多》的情节被作者贝克特安排得非常简单，但其之所以风靡全球，就是因为在简单中人们看到了自己的倒影，一场简单的等待是人类一生命运的隐喻，两个流浪汉爱斯特拉冈和弗拉季米尔无所事事又似乎因为等待而使空茫的生命有了颜色，虽然他们既不知道戈多是谁，也不知道戈多到底会不会来。他们就这样生活在希望渺茫的等待中，时而产生天将降大任于自身的豪迈感，时而因空荡荡的前方而沮丧，并且不得不通过各种无聊透顶的游戏和话语来打发时光。剧终前，他们终于打算离开，却又都站在原地不动，显然，不管戈多是否存在，他们都将继续等待下去，换句话说，等待戈多是他们的宿命。在史铁生的小说中，四位残疾人等待

---

① 史铁生：《史铁生小说选》，北京：人民文学出版社 2009 年版，第 132 页。

的过程就是时间流逝的过程，从中可以听到生命在希望里被消耗的声音，这声音并不含有怨叹。用习惯来减轻绝望的痛苦，在这种妥协面前，一切都变得温和许多。因为，生命是一场消耗。"人类的存在只不过是一个短暂的、无意义的偶然过程，人类在这个空虚的世界的存在没有丝毫的意义及原因，而我们只不过是在不断制造可以继续生存的原因和意义。"① 从这种意义上来说，对于世启女人的等待在一定意义上就是存在主义哲学家萨特所称的逃避自身的存在。

荒谬的等待换来的是同样荒谬的结局，归来的女子不是世启的女人，她要找的人却是一直不动声色的老孟，于是"我"恍然大悟为什么老孟总是能够清楚地说出今天是几号，原来他内心里也在等待。而另外三个人那些未能实现的愿望，如"我"在这尘世里的梦想，世启迟迟不归的女人，都成为值得在这世间存活下去的动力。

七

人们无法揣测命运之谜，而且即使谜底展露的时候，我们依然要带着不甘的欲望去践行、去反证一开始就已设下的谜底。《一种谜语的几种简单的猜法》一如既往地探讨命运这个命题的答案，像斯芬克斯一样，史铁生早已知晓谜底，但他以一位仁者的姿态向人们掩藏起命运的残酷真相。在不知命运谜面的前提下，史铁生提示了谜语的特点：一、谜面一出，谜底即现；二、已猜不破，无人可为其破；三、一俟猜破，必恍然知其未破。与这些特点相对应的是史铁生所描写的人生困境，即孤独、永不止息的欲望，以及对死的恐惧。这道谜语的特点与史铁生所概述的人的基本困境有着十分相似之处，都强调人对于终点的不信服，以及被欲望折磨的个体状态。在这篇史铁生并不介意有人会把它当作读物的小说中，作者描述了几段常人的故事，都是日常生活里的片断，可是在貌似平静的生活之流中，读者还是会被忽而泛起的波澜惊诧一下。像作者所说，命运就像人的眼睫毛，就在眼前，可就是看不清，但也存在一种可能就是即使看清了，也不承认那就是自己将要完成的路途。

无论世界多么大，这篇形式迥异于平常的小说，在一开始就阐释了世界对于自我的意义始于"我"能够认为的那一刻。于是世界注定逃脱不了"我"的认识范畴，世界孤立于"我"而独立地存在着这一所谓的科学观点早已站不住阵脚，因为世界虽不是由人生成的，但存在并不脱离人而孤立存在。这正如存

---

① 焦敏：《〈等待戈多〉与存在主义哲学》，《语文教育》，2008年9月。

在主义所认为的，"人与世界万物浑然一体而不是相互分离，只有人的意识觉醒之后才意识到人的存在，而这个被人的意识意识到的东西就叫作'存在'"①。在这空茫而我所能认识的世界上，每个人都携带着自己的命运降生，虽然对命运的期待会有落差抑或是有意想不到的惊喜，但这就是命运的安排。在小说的第二部分，作者叙述的笔调轻盈，貌似调侃现代人的空虚与无法左右命运的孱弱生存能力。"我"过着墨守成规的日子，就连体重和每天早上醒来的时间都数年如一日地一成不变，于是"我"百无聊赖地用几个与"我"息息相关的数字拨通了一个号码，与一位接通电话的女性热聊起来。随着时间的推移，双方发现彼此在精神领域非常合拍。然而，当情感累积到一定程度，两位见面的时候，带着"怎么是你"的惊讶，他们一起回了家，原来这是一对同住屋檐下的夫妻。这种荒诞的情节也许过于脱离实际，但所折射的是现代人生存单元的孤立，与对自我本身的隔离，渴望沟通，却又自我设限。

在C+X部分，"我"是一位躺在病床上的病人，同房的还有另外几位病友。"我"迷恋上一位看护，她温柔高贵，令人敬慕，她给久经病痛折磨的"我"带来温暖的盼望，是年轻的"我"生的希望。但与她亲近的时刻只能是她来给自己画红方块的时候，红方块是象征病体末日的不祥符号。为了多见她，"我"甚至祈祷把红方块画满自己的全身。可就是这样一位令人向往的白衣天使，她在最后一次来为自己画完红方块后，当天晚上在自己家中自杀了。综上这些普通人的际遇我们还可以看出，命运没法沿着我们盼望的方向走去，命运对于每个人来说都是险象丛生的，即使十拿九稳胜券在握的玩家也可能随时会一不小心跌入命运的泥沼，万劫不复。

八

在《原罪·宿命》的《原罪》部分，作者通过对十叔这个人物的间接刻画，通过儿童的视角再一次转达了自己的原罪意识。小说里的残疾人十叔没有兄弟姐妹，可是孩子们叫他十叔或者是十哥，"十"就像是十字架在十叔身上的隐喻，他生来就背负了自己的十字架，脖子以下的地方瘫痪，成年卧床。通过对十叔命运的描写，折射的是史铁生的命运观：人的苦难，很多或者根本，是与生俱来的，并没有现实的敌人。比如残、病，甚至无冤可鸣，这类不幸无法导致恨，无法找到报复或声讨的对象。这致使他相信，人生是苦海，是惩

---

① 胡山林：《苦难把你引向存在的意味——史铁生与存在主义》，《南阳师范学院学报》，2005年4月。

罚，是原罪。对惩罚之地的最恰当的态度，是把它看成锤炼之地。

虽然深知自己是真的再也站不起来了，家里为了给十叔治病花光了所有卖豆腐的钱，但十叔不愿毁灭父母心中的希望，在可以结束生命的时候，他宁愿艰难地呼吸，他深知相比丧子之痛的余生，带着希望奔波操劳的一生更能够让父母心里踏实，因此他选择艰难地存活，他将生命简化到呼吸和幻想。寂寞的十叔每天所做的就是用一个一个现实神话来慰藉自己荒凉的生活，小孩子们也喜欢他的神话，他的神话是阿冬和阿夏的科学家父亲所给予不了的，他只会揭穿事情的真相，苍白的真相在梦想面前不堪一击，懂那么多科学原理有什么用呢？它们不能让十叔更好地活下去，自以为真实才是人们活下去的阿冬的父亲，其实才是真正活在神话里的盐水婴儿，这样的人，在灾难一旦来临时往往是最先被打倒的，因为在事实的残酷表象下，他们没有任何底色可以依靠。

在《原罪·宿命》中，"我"是一位春风得意的有志青年，风度翩翩，说亲的人几乎踏破了家里的门槛，出国留学的机票都订好了，可就不过是一秒钟的变故，天翻地覆，换了人间，生命的行程从此改写。飞来的横祸可归咎于包子、刚看的歌剧、淘气的学生，甚至是一只狗，如果没有它们，也许就可免遭横祸。但命运不允许彩排和如果，因而悲剧无法预测和避免。作为人，即使万般不甘，所能做的也只能是接受这种安排。无缘无故的受苦，才是人的根本处境。这处境不是依靠革命、科学以及任何办法可以改变的，而是必然逼迫着你向神秘去寻求解释，向墙壁寻求回答，向无穷的过程寻求救助。"人是被抛到这个世界上来的"，当"上帝说世上要有这一声闷响，就有了这一声闷响，上帝看这是好的，事情就这样成了，有晚上有早晨，这是第七日以后所有的日子"①。

综观史铁生1980年代的小说创作，他完美地阐释了存在主义哲学，以实际行动解释了存在主义的内涵，对于存在主义在中国读者中的接受起到了直观的作用，似乎一提到史铁生不能不提到的就是存在主义，似乎史铁生成了存在主义的一个标识。史铁生以存在主义为命题写作的思想资源很多是来自于西绪福斯神话，西绪福斯面对荒诞命运的决绝反抗姿态是非常典型的存在主义价值观，虽然史铁生也承认西绪福斯的反抗是徒劳，但他相信这个过程充满着生之意义。

---

① 史铁生：《史铁生小说选》，北京：人民文学出版社2009年版，第473页。

| 第四章　史铁生在电影中的表达

　　文学以文字叙述故事，而电影则借助于形象的视听画面呈现故事。它们是两种截然不同的艺术形式，但彼此间又存在着分合难定的暧昧与紧张关系。它们相互渗透，相互影响，其中最明显、最直接的联系，是电影对文学作品的大量改编，进而从其中获得灵感与泉源。文学为电影提供着丰富的素材与主题，以及灵感，进而成为电影的表现基础。一部意蕴深刻的电影，其内在逻辑大多是从文学、哲学、心理学、宗教学中演变出来的。

　　历数一些优秀的影片，会发现它们都有一个坚实的文学基础。所谓的文学基础，并非仅指它们必须改编自优秀的文学作品，而是从广泛意义上讲，它们拥有文学素养颇高的主创人员。文学素养颇高的编剧对原作的改编，并不会使其失去原作的水准，反而会升华和扩大它的意义和表现空间。从 1980 年代的《城南旧事》《都市里的村庄》《人到中年》《张铁匠的罗曼史》，到 1990 年代的《黄土地》《大红灯笼高高挂》《红高粱》《摇啊摇，摇到外婆桥》，再到 21 世纪的《三峡好人》《花样年华》《悲情城市》《一代宗师》，这些电影无不是以优秀的原著为根基，如导演张艺谋对莫言的"红高粱"地中所蕴含的民族精神的呈现，在一定程度上是借助光影的魅力对原著意义的一种再现和升华。而电影主创人员如果有颇高的文学素养，亦会对电影提供良好的文学质地，如《三峡好人》的导演贾樟柯本身就是文学青年，他的文学素养为他在电影中对现实的思考角度和对人物命运的呈现方式，提供了很好的人文视角。正是因为电影与文学之间有着太多的互生关系，才使得电影在借文学呈现自己时，显得更紧凑，也更加富有表现力。

　　立足于剧本的电影的灵活性与微妙性，就像语言一样可以表达出来。相比较文学复杂的结构，电影直观许多。在电影中人物的思维活动，如记忆、梦、幻想，不能由电影充分表现出来，电影不能直接向我们表现思想的切面，它只能向我们表现人物在思考这一外在状态，比如人物在感受、在说话等一系列外部动作行为特征。在电影中，用摄影机通过外部表现深入人物的思想深处，通过对简单的具体行为的呈现，可以过渡到对心理事件的展现。

因此电影制作者的表现手段是具体形象的现实，作家的手段是文字。电影与文学之间存在视觉画面和文字世界之间的区别，用电影语言处理文学素材，包括台词细节化，戏剧中的节奏和情节比较紧凑和严谨。好的电影对文学的表现方式亦是一种辅助，这就要依助于剧本的打磨。剧本是决定一部影片艺术走向的基础，但影片的创作并没有因为剧本的敲定而尘埃落定，它贯穿于整个拍摄过程，甚至延续到拍摄之后。"作为电影灵魂的剧本，不仅可以看作是一种新的文学形式，而且可以被看作一种极其重要的形式。"[①] 总之，好的剧本不仅是电影成功的基础，更可以使观众得到文本阅读所不能抵达的视觉效果。

第一节　浅谈史铁生的剧本创作——以《死神与少女》为例

中外很多作家都有编剧的经历，如菲茨杰拉德、福克纳，他们在好莱坞的编剧经历，是研究他们生平时不可错过的部分。史铁生对剧本的投入，丝毫不亚于他在其他文体方面的努力。在一封给友人的信中，史铁生说："我动了写作的念，大概是一九七五年。因启蒙老师是位导演，我先中了电影的魔，开始写一个剧本，虽自以为颇具'反潮流'思想，其实仍逃不出'文革模式。'"[②] 但随着时间的推移和个人的艺术积累，1980 年代，史铁生多次以编剧的方式"触电"，并取得了不俗的成绩。在百度百科关于史铁生的身份介绍中，除了作家，还有一项是电影编剧。

1980 年代初，他的《没有太阳的角落》被第五代导演田壮壮拍成电视剧，田壮壮之所以选中这个短篇小说作为脚本，来拍摄自己的毕业作品，与原作本身的艺术张力有关。除了田壮壮，同样是第五代导演的陈凯歌，他的《边走边唱》亦是改编自史铁生的中篇小说《命若琴弦》。史铁生的作品之所以能够唤起导演的精神共鸣，是因为史铁生以一位作家的敏锐和智慧，道出了同时代人所渴望发出的声音。作为导演，他们作品的主观性、象征性、寓意性十分强

---

① ［美］D. G. 温斯顿：《作为文学的电影剧本》，北京：中国电影出版社 1983 年，第 1 页。
② 史铁生：《病隙碎笔》，北京：人民文学出版社 2011 年版，第 408 页。

烈。同样作为第五代导演的，还有张艺谋，就这一代导演的人文意识而言，他们富于启蒙思想，"呼唤现代性，确立了独立思考、积极探索、富于实践、强调创造的人文精神。'文化大革命'给了他们怀疑的态度，人生的体验赋予他们最初的明辨是非的能力，而时代思潮的滋养又使他们得以公允地看待世界"①。他们与史铁生属于同一时代，在少年时代就卷入了大动荡的漩涡，下乡或者入伍的经历，使他们的青春记忆有着类同的时代烙印。虽然处于两个艺术领域，但他们对新的思想和艺术手法特别敏锐，他们有着共同的民族情结，渴望通过作品探索民族与人性。

与田壮壮的合作是史铁生"触电"生涯的开始。在多年以后，史铁生对电影的造诣日渐独到，在给田壮壮的一封信中，他就《小城之春》里的某个片断表现手法提出了自己中肯的意见，"玉纹的内心独白删得可惜了；在我看，不仅不要删，那反而（对于重拍）是大有可为之处。因为，那独白，绝不只是为了视点，更不单单是要拉近与观众的距离，在我理解，那特地是要划出一个孤独、封闭的玉纹的世界"②。无论是在文本中还是在影像里，史铁生都始终不忘对于人物内心的透视和关怀，这种情节偏于诗电影的理念。

——

只是史铁生的剧本创作一开始并不顺利，朋友柳青曾鼓励他把知青生活写成电影文学剧本，史铁生那样做了，可是交出去的剧本并不能够得到指导性的修改意见，编审对"高大全"形象的期待一次次在史铁生的剧本里落了空，"不过铁生认真地一遍一遍地写，我也一遍一遍地在中间传达长影审看者们的意见，终未有下文"③。随着人类审美意识的自由化，同时也凭借锲而不舍的精神，史铁生开始建构起自己的剧本特色，并得到社会认可。他的剧本趋向于语言的准确与画面的象征意义，属于非常典型的诗电影。史铁生参与编剧的电影《多梦时节》与《死神与少女》分别得到了业内人士认可，《多梦时节》以其新颖的视角获第九届金鸡奖最佳儿童片奖、广电部1988年优秀影片奖、第三届儿童电影"童牛奖"艺术追求特别奖，《死神与少女》则在海外获得保加利亚第十三届瓦尔纳国际红十字会与健康电影节荣誉奖。史铁生电影剧本的内在逻辑和哲学根源，来自其本身所秉有的诗性气质与仁爱的襟怀。他对电影诗化表

---

① 李刚：《论第五代导演的人文精神》，北京：中国社会科学出版社2008年版，第24页。
② 史铁生：《病隙碎笔》，北京：人民文学出版社2011年版，第374页。
③ 岳建一：《生命：民间记忆史铁生》，北京：中国对外翻译出版公司2012年版，第138页。

达方式的衷情，在电影《死神与少女》中表现得淋漓尽致，其表现主题与技术手法完全符合诗电影的特征。

诗电影兴起于 1920 年代，从诞生之初就以"去情节"为特征，追求一种画面效果，注重场面的设计，搁置情节。诗电影以法国先锋诗派和苏联蒙太奇派为代表，前者通过自己的创作实践和理论著述，主张电影应像抒情诗那样达到"联想的最大自由""使想象得以随心所欲地自由驰骋"，认为"应当摆脱与情节的任何联系——这种联系只能带来恶果"，甚至说注重情节的小说，其价值并不高于"在厨房里阅读的、流传在书摊和地铁的畅销书"。他们还把"诗的语言"当作电影语言的同义语。同一时期，苏联电影界以爱森斯坦和杜甫仁科为代表，也对电影中的诗的语言，特别是隐喻、象征、节奏等问题进行了积极的探索，注重主人公内心世界的变化以及意识流的彰显。"影片中浑然一体的空间处理以及匠心独运的时空转换具有诗的特质，更具有文学品格，那质朴又充满象征意义的画面构图，以及精心独到的意境营造常常能引导观众体悟深层的人性魅力"。在表现手法上，则强调一种纯粹的审美艺术。

在中国的电影史上，具有诗电影典型特质的有《城南旧事》《黄土地》等影片。诗电影作为一种特殊的影视艺术形式，一方面是作为视觉艺术而出现，另一方面，它又缺乏靠情节推动影片发展的力度。但是影像上的直观性非平面的文本所能比拟，诗电影用形象符号表现回忆和梦。现代的诗电影一般都能注意隐喻因素和叙述因素的较好结合，它用图像来完成对文字的文学性表达，观众对于电影的阅读，不是以阅读一本小说的方式去看与听，而是被影像所征服，被听到的语言所浸透，积极地进入电影中，感到一种被一系列奇妙景象和意识所穿透。

鉴于商品规则的严酷，以及与观众欣赏角度的偏差，史铁生意念里的电影往往无法付诸实践，他深感这一无奈，便自我调侃"某种电影，有钱的不拍，没钱的拍不起，咱就自个儿想吧。想象一部电影，既无需投资，又不要谁来批准，高兴了写成本子，也不期拍摄，惟供气味相投者自娱自乐，恰如雨淋淋的天气里喝杯小酒"①。在他的理想画面里，有凄艳的夕阳、温润的风雨，有树影与落叶、猫和老人，有天上的鸽子、地上的人群，有窗口的蝴蝶和稚嫩的孩童，无论引申出的将是怎样一个故事，呈现的都是人与自然和谐相处的画面。

---

① 史铁生：《扶轮问路 妄想电影》，北京：人民文学出版社 2011 年版，第 237 页。

这些意念里的画面，如果当真被展现在银幕上，必将是一部不折不扣的诗电影。

二

而真正将他的电影理想初步实现的是《死神与少女》，无论在表现方式还是立意上，都表现了对人类精神世界的关注与有关生存的哲学问题。史铁生在剧本中挖掘人物的心灵美，讴歌人们崇高的精神境界。电影用诗化的手法讲述了老人与少女这两个面临人生困境的人物，刻画了他们面对困境的心理变化过程。从低迷被动地承受，甚至消极地逃避，比如老人试图自杀，到最后重新燃起生的激情。无论这激情能持续多久，哪怕只有一刻，这都是对生命的礼赞。老人不仅自己排解开了死亡所带给自己的阴郁，而且用自己余生的最后一点光和热去感染残疾少女，引导她直面肉身残缺的人生，少女也因此重振生命的激情，鼓起勇气再次面对生活。在此过程中，老人与女孩身边的人对他们的态度，以及老人对少女的感化，则体现了史铁生对人与人之间爱的颂扬和呼求。电影的画面风格侧重于绘画性，有着象征内涵，不是侧重于纪实性，努力追求绘画派的造型风格，对画面的表现形态更多注意表现性，较少注重再现，并赋予它一定的表意色彩。影片中的秋林、朝阳、鸽群、鹿群、马拉松赛跑、冰面上滑行的身影……无不体现一种生命的流动与韵律。

影片的主题是从特定的境遇中折射出人对生与死之价值意义的思考，他们在面对困境时内心的思索与冲突，虽然最后生死的结局不同，但他们都打败了心里的死神，以此肯定了生命的内在活力与尊严。老人用他人生最后时刻的生命之光点燃了少女已经幻灭的青春之火，并从哲学喻义上对生死进行探讨：人不能避免死亡，但可以超越死亡。这种超越就是人与人之间的互相帮扶，虽然带有理想主义的童话色彩，但在功利主义泛滥的时代思潮下，编剧与导演在影像里对它的彰显有利于净化浮躁的人心。在人道主义温情的浸润下，影片表现了人与人之间的温存与互助，他人并非地狱，也可以是天堂。影片导演在创作谈中提到影片之中的人之所以能够走出困境的具体原因，"首先是爱神，广义的爱，即人与人之间互爱互助、互相关怀的美好关系。艺术要表现美，人世间最富魅力之美乃是人身的精神世界和创造力。人与人间纯真美好的情感是人世间最宝贵的"①。影片折射出史铁生在文学作品中所流露出的思考，即生死之

---

① 林洪桐：《探索与反思——〈死神与少女〉创作体会》，电影通讯，1987 年第 8 期。

思，而对于生死这种肉身很难逾越的困境，史铁生作为编剧，通过影像，直观地指出道路就是人与人之间在相处时要付出真挚的爱。

史铁生将在文本中书写的主题延续到了电影里，表现了他对一己之念的执着。影片还借用了一些小说和散文中的素材，比如《我与地坛》里的长跑者，那对经历了岁月沧桑依然两手相牵的夫妻，这两类人物身上的标签是对执着精神最好的注解，无论是对于理想，还是爱情，人应该有的基本态度是执着。这无形中呼应了西绪福斯推巨石上山的存在主义精神，存在是虚无的，但是执着的姿态可以对抗虚无，填充虚无，无论结果如何，人会以这番姿态战胜任何一个生之疑难。

第二节　文本中的剧本元素

即使到了商业气息无处不在的时代，深蕴理想主义情怀的史铁生并没有因为浮躁的商业气氛而终止对电影的个人关怀。作为编剧，史铁生在剧本中对小说与散文素材的借用还表现在，他以地坛为背景创作了剧本《地坛与往事——改编暨阐述》，虽然他谦虚地说，本文可算作准剧本，或仅仅是对改编一个剧本的设想和提示，但是这个剧本着实囊括了史铁生所有文本创作的经典意象。

—

《地坛与往事——改编暨阐述》依据史铁生的散文《我与地坛》和小说《老屋的歌》《我之舞》综合而成。他在剧本中对背景的设置、人物心路的描述，以及部分台词都从这些文本中截取。与此同时，还穿插援引了其他作品里的段落与片段，事无巨细地为拍摄提供了详尽的参考。在此剧本中，不但为导演提供了可供拍摄的角度，而且在剧本的创作上可以看到史铁生作为一位作家的文字修养，比如他在文字语言上的用心，这种用心使得这部作品可以被单纯地当作优秀的文学读物，同时对声色的描绘和呈现更具立体感。

剧本的完成时间是 2007 年 11 月，《地坛与往事——改编暨阐述》承载了史铁生的所有心路历程，是史铁生 1990 年代以后创作题旨的一次总体呈现。"艺术电影的欣赏者所瞩目的，是某种哲学主题的电影化呈现，某种对生命与世界的原创性洞察和呈现，某种对电影语言自身的创新尝试"[①]。电影编剧在满

---

① 戴锦华：《电影批评》，北京：北京大学出版社 2004 年版，第 2 页。

足观众的欣赏需要之前，是完成自己对电影中哲学化主题的探讨。在编剧之先，史铁生在文本中有过深入的自我寻找。对于个体生存意义的探问，以及人与人之间情感细微的捕捉与发现，史铁生热衷于乐此不疲地安排人物去演绎一段段磨人的纠葛，以此在这个过程中展现曲折的心路。这种行至生命澄澈之境的通达，过滤掉的是往日沉痛的生死之思索。在作者一直以来都忠于的爱情主题里，无论两个人多么般配、相爱，都有着永远写不尽的疑难。作者在剧本中不时借坐在轮椅上的森来表现人在爱情面前的艰难处境，面对健康的爱人，他的自卑令他陷入两难的精神困境，"'你爱她，你就不应该让她爱上你……你爱她，你就不应该拖累她……你爱她，你就不应该毁掉她的青春……'不管在哪儿，这声音乐此不疲，仿佛响在天堂与地狱之间，响在'灵歌'因而要诞生的地方"①。在剧本中，关于爱情的形而上探讨是通过具体形象的人物关系演绎来实现的，晶与淼分别是森的前任与妻子，但他们的偶遇却延展出一段愉快的异国之旅，两个通情达理的女性，温和、善良，他们围绕在森的周围，甘于奉献，时而像谈起彼此的孩子一样谈论起森。这虽然近于齐人有一妻一妾的男性幻想，但两位女性的和睦彰显了人性中最深处的爱。

　　史铁生是善良的，他看世间的目光也因而带着悲悯，他不忍心让人物一个个在磨难中丧失心魂，而总是适当地在他们苍白的生命中安插一些在世的依托。因而人物有了向上的力量，而不必徘徊沉溺于"此在"无止无休的苦痛。

二

　　史铁生在编剧工作中所传达的电影理想是偏于诗性的，这反映了他的理想主义情怀，但这种情怀在今天强调票房商业利润的市场里，时刻要受到压抑。他只能默守着对戏剧的一份爱，他在小说创作中引入一些剧本体裁的方式进行写作，表现了他对剧本创作不竭的热爱，同时也在一定程度上反映了史铁生不拘一格、不墨守成规的文体创作观。他善于借助于影像的呈现方式，将文字立体化，如他在描写一个室内场景时这样写道，"就像一架摄影机，缓缓摇过天花板：白色已经泛黄的天花板中央有一圈波纹般的雕饰，从圈心垂吊下一盏灯。灯罩的边缘如起落的波浪，但不动，安分得很，像一朵被冻僵的花。接着，摄影机下摇：墙上有一幅年画……"② 在《我的丁一之旅》中，丁一本身

---

① 史铁生：《扶轮问路 妄想电影》，北京：人民文学出版社 2011 年版，第 178 页。
② 史铁生：《务虚笔记》，北京：人民文学出版社 2011 年版，第 74 页。

就是一位编剧,他创作的《空墙之夜》,写的是人与人之间的隔阂,是对萨特的"他人即地狱"的文学演绎。剧本的第一场叫"近而远",到处都是空墙之壁,在熙来攘往的公共场所,任何人都是独立的个体。只有在独处时,才能有最大限度的解放与自由;第二场是"远与近",虽然在现实中人们离得很远,但是每个人都在渴望靠近。史铁生之所以在小说中引入戏剧表现模式,是因为戏剧给了人随心所欲的权利。无论再怎样夸张的戏剧,都是荒诞人生的折射。戏剧有怎样的可能,人们就可能会有怎样的行动。《关于一部以电影作舞台背景的戏剧之设想》通过人物痛苦的独白与寻找,作者向人们再次展示了人类的普遍困境,即与生俱来的孤独,因真诚而遭遇的困境,对爱的渴望与寻找。叙述设计者 A 于舞台上孤独沉思,周围熙来攘往的人群反衬出他的孤独,他想介入却永远不被倾听。史铁生通过人物直接的内心独白和作者全知式描写,展示了人物的感情里的细枝末节。同时他还善于运用镜头和灯光来强化这种展示效果,体现了史铁生作为一位作家在编剧工作上的努力和修养。

史铁生在小说中对于对话的大篇幅叙写,带有剧本体的简约流畅性。通过那些带有京味特色的语言对白,一步一步延伸出作者想要传递的观念。人物是观念的承载体,亦是作者本人的传声筒。话语,是人物性格特征的终极表达,看似平淡的对话,缓缓诉说出了作者苦苦渗透的谜底。在《地坛与往事——改编暨阐述》中,作者将《我之舞》里面的大段情节移植过来,在该剧本第38章里,"我还是认为,那对老人死的时候很坦然,很轻松。世启仍然坚持说不是这样,是很痛苦,至少是很伤心。但他们为什么去死呢?成了缠绕我们整整那一个夏天的话题"。于是三个人开始讨论起来,

"'也许是别人都看不起他们,他们痛苦极了。'世启说。

老孟说:'为什么不会是他们自己太看不起自己,所以痛苦极了呢?'

'不对,'我说,'准是他们发现了,活着毫无意义。'

老孟说:'那样他们一定非常沮丧,不会是很坦然。'

'也许是儿女不孝,他们伤心透了。'世启说。

老孟说:'为什么不会是,他们相信自己是个废物是个累赘,而伤心透了呢?'

我说:'一定是他们看出生活太不公平,太不公正了。'

'那样他们一定是非常失望非常失望,'老孟说,'他们就不可能很轻松。'
……"

这段关于生死的对话，在角色不同的人物之间漫延开来，看似漫不经心，实则每一句话都渗透着作者的痛苦思索。这些透视出人物内心的语言，也是作者的一种独语，借由人物，他在与自我对话，向自己提问，进而探求出活下去的力量源泉。

第三节 谈史铁生创作中对影视资源的汲取

史铁生自青年时就热爱看电影，据他的妹妹史岚回忆，当她还小的时候，史铁生经常背着她去看电影，但看电影的过程总被闹着要回家的她打断，因此史铁生后来提起时，还遗憾因此错过了许多好电影。初中时与同学们一起看电影的时光，亦是经年难忘的记忆，据好友孙立哲回忆"史铁生喜欢看电影。清华的电影票和粮票一样，没地方买，大学各个系里教工人头配给"①，买票难并没有浇灭史铁生看电影的热情，看完后他还和同学一起回味里面的画面，或者是模仿其中的人物表情动作。而母亲生前为了丰富史铁生的精神生活，常常推着轮椅上的他去看电影，"她到处去给我借书，顶着雨或冒了雪推我去看电影，像过去给我找大夫，打听偏方那样，抱了希望"②。成为作家以后，史铁生时常将影视剧中的故事情节主题意义搬到文章里，以辅佐他的论证，有些情节主题甚至启示了他。

一

早期的好莱坞电影《城市之光》，无疑是改变史铁生人生观的一部电影。电影里一个女孩想要轻生，卓别林扮演的角色对她说：你着什么急呀，死亡总会到来的。这也是对画面外的史铁生说的，刚刚坐在轮椅上的他，企图自杀过，这部电影，确切说是这句台词，给他以启示，让他一步步领悟到死是一个终将会到来的节日。《病隙碎笔》中提到的《凯撒大帝》，呼风唤雨的凯撒，在爱妻的病危中也无能为力，只能向神屈服，呼求怜悯。史铁生从电影中寻觅出与现实情境相类似的人生困境。另外，《教父》《情诚》《阿甘正传》《瓦尔特保卫萨拉热窝》《流浪者之歌》《性、谎言和录像带》《立春》，以及一些国产电视剧如《士兵突击》，这些影视剧的画面背后，都不同程度地给史铁生提供了思

---

① 岳建一：《生命：民间记忆史铁生》，北京：中国对外翻译出版公司2012年版，第21页。
② 史铁生：《我与地坛》，北京：人民文学出版社2011年版，第138页。

索的余地。

由于客观条件的限制，坐在轮椅上的史铁生，对外界信息的摄入以第二手资料为主，影像因其直观和某种程度的真切性，成为他获取思想资源的一方阵地。在观看过电影《太阳照常升起》后，史铁生认为导演姜文更像是一位哲人，通过他的影像展示他的思考。虽然票房走低，但史铁生还是本着主题至上的原则，对电影给予好评。他从《浮士德》到黑格尔，再到尼采，一路论证，只为证明，这是一部思想与艺术兼具的优秀电影，姜文是一位不流于俗的爱思考的导演，这在浮躁、喧哗的娱乐圈极为难得。

电影，是人类精神中最为直观的一处，但它也可能艰难而晦涩，可能被误解，不被倾听，因为美的获得总是要付出代价的，比如甘于自守的寂寞和不被理解的冷落。但在人类的困境中，电影帮助人们认识困境，把现实中不解的悬疑彰显在我们面前，意在逼迫着我们向上看——看那天天都在脱离地平线、向上升起的太阳。

二

无论是在影像还是在文字的世界里，史铁生都有着自己的价值选择与判断标准。除了人生价值与意义的探寻，史铁生还善于从电影人物中寻找人的价值所在。史铁生对电影的透视与判断，所持有的价值标准，符合他写作过程中的习惯性思考。他总是善于将哲思代入人物的一言一行，以此寻找人物生存方式对人生的启迪意义。在顾长卫的电影《立春》中，王彩玲对梦想与爱的执着，令史铁生深受感动，"在那座灰暗的城市里，王彩玲可谓孤身奋战，她靠着什么？一个高贵的梦想，所以高贵，是因为她的梦里不光有艺术，更有执着的爱"[1]，他进而联想到尼采的生存哲学，即伟大的人是爱命运的，无论命运如何，爱都不可以泯灭。

电视剧《士兵突击》里的许三多，他的生命之所以有意义，不单纯在于他终于熬出了头，成为战功显赫的士兵，而是他在行走过程中对自我所认同的价值意义的坚守。带着理想每天都在认真生活的许三多，虽然理想卑微得像一粒浮尘，但是他对理想的坚守与不抛弃不放弃的生存理念，具体化为"人要做有意义的事""有意义就是好好活""好好活就是要做很多有意义的事"这些朴实的话语，对于平常琐碎事务的坚守，即是神性的证明。神的存在不是由终极答

---

[1]　史铁生：《扶轮问路 妄想电影》，北京：人民文学出版社 2011 年版，第 234 页。

案或终极结果来证明的，而是由终极发问和终极关怀来证明的，而对不尽苦难的不尽发问，便是神的显现，因为恰是这不尽的发问与关怀可以使人的心魂趋向神圣，使人对生命采取了崭新的态度。对于生活意义的探寻需要不尽的发问与关怀，但并不是每个人都能活得好，因为意义并不是自己确定后便会产生，人们往往把外在的功利获得当成终极目标去追寻，到头来会发现这并非人生的价值意义之所在。关于人的价值意义的实现，无论是在文本中还是影像的世界里，史铁生都强调人对内心的观照。依心而生，在物质化的社会里，尽可能地避免自我的迷失，是史铁生一直以来所秉承的生存原则。在当代，他对自我的省察和观照，带有可贵的理想主义色彩。

史铁生很推崇法国新小说派作家罗伯·格里耶的小说，以及基于同名小说的电影《去年在马里昂巴德》。这是一部经典的黑白电影，拍摄于 1960 年代，导演阿伦·雷奈在影片中着力探讨回忆与忘却这一主题，影片中的人物均没有具体的名字，而是以字母代替，寓意在时间的长河里，一切都会弥灭，因此名字并不重要。男人 X 与女人 A 相遇，X 告诉 A：一年前他们曾在这里相见，她曾许诺一年后在此重逢，并将与他一起出走。女人起初不信，但是男人不停出现在她面前，并且不断描述他们曾经在一起的种种细节。于是，A 开始怀疑自己的记忆了，她开始相信，或许真的在去年发生过。渐渐地，物质优渥的女主人决定与一个看似陌生的男子奔赴一场没有未来的逃离。这种动力也许还有一种更大力量的牵引，那就是爱情。在疯狂的物欲和僵死的规矩像魔法一样使人失去灵性的时代，爱情尤为珍贵。而梦想和对梦想的痴迷，正是罗伯·格里耶，也是史铁生所希望唤醒的人类共识。

无论是文本还是电影，都带给他启示性的创作思考。单就文本来说，它所表明的叙事体系是对传统思维模式的批判，它没有完全分清与叙述者之间或多或少的关系。这些叙述者在任何时候都有可能跳出来干预小说的进程，因而开创了一种新的小说内部的叙述策略。史铁生在长篇《务虚笔记》与《我的丁一之旅》中，都在积极地运用这种叙述策略，比如《务虚笔记》中的任何人物均没有名字，如 Z、O、L、F、WR、C 等，在史铁生看来，无论他们活得多么用力，在时间的长河里，也不过是一粒沙尘，都是偶在的个体。作者用字母作为他们的代号，使人物符号化，也意在借他们表达人的种种生存状态，我们可能在某个时间是 Z、在另一个时间是 L，甚至在命运的不定中循环着这些模式。史铁生用身体力行的写作向罗伯·格里耶致敬。

三

作为一位艺术爱好者，史铁生还将索德伯格的处女作电影《性、谎言和录像带》的剧情翻译出来，将它们完整地放进了小说《我的丁一之旅》，可见这部电影对史铁生的创作主旨有着深刻的启示。此电影于 1989 年获得戛纳电影节金棕榈大奖，影片中共有四个人物，詹和彼得是分别多年的老同学，詹漂泊多年后，重回故里，造访彼得的家时只有彼得的妻子安在家。从他们的谈话中，詹知道了这对夫妻的生活状态，彼得有着很好的职位，住在郊外很好的房子里，而对安来说，物质的满足并不能够弥补她对安全感的需要。而随着影片的进展，我们发现她的焦灼并非空穴来风，她妖娆叛逆的妹妹劳拉，正在与自己的丈夫偷情。劳拉年轻、叛逆，在酒吧做服务生，在性方面开放且自命不凡。詹因为心理障碍，无法在爱侣面前彻底坦白自己。漂流在外的他有一个怪异的嗜好，他用 8 毫米摄像机拍摄了大量女性采访，在里面每个女人向他诉说自己关于性的问题，一向保守的安也接受了这一提议。后来安将这件事告诉了劳拉，劳拉带着自信找到詹的家里，并像其他女人一样配合詹做了一次关于性的采访。她坦诚地诉说了自己成长以来的性经历，自然也包括与姐夫彼得的偷情。通过坦诚记忆，她们都发现了自己不曾察觉过的另一面。

"性""谎言"和"录像带"既是构成影片叙事框架的三个基本元素，又各有其广泛的象征意义。录像带在影片中具有特殊的含义，通过詹对录像带的痴迷，一定程度上折射出它是人类在浮华世界中的避难所。导演索德伯格不仅把影像作为影片的叙事构架，更以此传达出：人与人之间的交流可以通过影像手段，但更可以通过语言、动作、表情直接交流。录像带被捣毁，象征着詹最终获得了与外界交流的信心和能力，而这种能力的获得则是借助于他与安潜滋暗长的爱情。从史铁生的角度看来，影片所传达给他的是真诚在二人关系里的重要性，詹之所以无法正视自己对于异性的性需要，是因为他总觉得不能尽情尽意地袒露。如果他尽情尽意地敞开，却被认为是不道德，那么他宁愿永远封闭自己。但无法敞开的自己，又觉得是活在谎言之中。詹的困境是许多现代人困境的折射，在二人关系中，即使在最亲密的时候，依然要顾虑到公共空间，比如个人在对方面前的尊严，这种保留是谎言的开端。詹所需要的是一个可以交托、可以让他放下顾忌的人，这个人能够让他不再说谎，可以直视自己的欲望。在没有发生肉体关系且是第一次相见的情况下，劳拉能够与初次见面的詹坦诚相交，将詹视为一个亲密到可以交托最隐秘的事情的人，最根本的原因就是她在那一瞬间爱上了这个男人。而坦诚是这种关系建立的基石，她与彼得来往良久，却始终无法建立这种亲密，因为他们虽有鱼水之欢，却没有因爱而来的坦诚。通过詹，她决定离开彼得。而安在发现自己的丈夫与妹妹偷情后，愤然醒悟，决定离婚奔赴詹，是詹让她的欲望回归本体。影片结尾，在承受过背叛的痛苦后，安来到詹的门前，他们并排坐在台阶上，心无忧虑地等待一场大雨的到来……通过这个电影，史铁生再次阐述了自己的性爱观，即性与爱是两码事，性是挑好的，有刺激性的，是寻欢，是作乐，而爱是交托与诚实，这才是最为珍贵的人世行囊。

史铁生从电影里获得的启示与共鸣，拓展了他轮椅上的视野，加深了他创作过程中的思索深度。电影作为一种视听媒介对文学的影响分为两个方面：一个是积极的，电影通过考究的摄影所提供的画面，以及精妙的构思所成就的主题意涵，可以令观众在观影的过程中得到升华甚至是启示；消极方面的影响则是，随着影像传媒的发达和普及，单纯的文字阅读，越来越被排挤出现代人的日程。因此在当下，电影提供了一个机遇，亦构成一种挑战。

第三编　灵魂的事

在《祝福》中，命运悲苦的祥林嫂问小说中的"我"：一个人死了之后，究竟有没有魂灵？"我"虽然在外多年，博闻强识，是乡人眼中的士人，可是面对此疑问却吞吞吐吐着答说"也许有吧，——我想"。关于灵魂的一切问题，不止令祥林嫂和"我"迷惑，千百年来古今中外的学人亦对此探问不止。关于灵魂的探讨，早见于我国古代《易经》的"天人合一"和之后董仲舒的"天人感应说"，这些提及都是在肯定它存在的基础产生的。而历史上任何进行天人关系的探问，都颇具灵魂学的神秘色彩。虽然汉代王充、范缜等展开过对灵魂不灭说的批判，但关于它的话题一直不曾断绝。在国外的 18 世纪，法国的霍尔巴赫把灵魂视作身体的作用和机能，反对灵魂与肉体的分离。我国的工具书《辞海》在对灵魂的定义中，有一条如下：宗教所信居于人的躯体的精神体，这种观念产生于原始社会。当时人们还不知道自己身体的构造和器官的功能，并且受梦中景象的影响，而是一种独特的，寓于身体之中而在人死亡时就离开身体的被称为"灵魂"的精神体在活动。对于那些还没有宗教信仰的人来说，"灵魂是人类的一个未知因素，它使'意思'成为可能，'现象'变成人们的经验，它在爱中被传递"[1]。

---

[1] 赵梁、刘亚莉等编著：《灵魂学》，乌鲁木齐：新疆人民出版社 1999 年版，第 7 页。

史铁生所言及的灵魂，并非俗常以为的那些关于灵魂现象的奇闻逸事，他注重从人的内心深处探寻，形象地刻画了心魂在肉体中不息的流转过程，从而肯定肉身只是心魂寄居的暂时之所，而不灭的心魂才是永恒。这种认知，在1990年代的商品社会中，尤为可贵，在一切都瞬息万变的快节奏生活中，给人们带来关于永恒的企盼。通过涉足史铁生所叙写的灵魂世界，我们兴许可以找回那个真实的自己，从而建立起与这个世界的正常联系。

第一章　商品社会中理想主义的歌者

第一节　1990 年代的商品经济与文化氛围

回顾 1990 年代，商品社会经济对文化生活的方方面面产生了深刻的影响，文化保守主义、民族主义、新左派、后现代主义等思潮此起彼伏地流连于浮躁的社会思想文化空间，总体呈现出民间化、多元性的特征。它们或者以标新立异的观点吸引了人们的眼球，或者以论争的姿态引起广泛而持久的关注，如新左派与自由主义的分歧，主要集中在如何看待中国现实社会问题和解决这些问题的方案，以及知识分子以何种方式参与现实文化的实践上。后现代主义核心是现代性本身，以及对孕育、支撑现代性的思想观念进行质疑和攻击，反对主流文学，逆启蒙潮流而行，它比文化民族主义所秉有的主张更激进极端，其对启蒙与价值意义的消解，令一切都变得虚无，从而对公众价值观引导起到了消极的负面影响。

—

"商品生产的价值原则和价值标准简单地套用于文学产品的生产和消费，无视文学产品所特有的精神文化价值和社会效应，结果导致了这期间的文学活动出现了严重的商品化偏向。"① 商业化及与之相伴的消费主义文化渗透到社会生活的各个方面，表明国家和企业对社会的精心创造并不仅仅是一个经济事件，相反，这一社会过程最终要求用市场法则规划整个的社会生活。这种转向，必然导致作家原有的职业方式产生变化。1980 年代的那个知识分子阶层逐

---

① 於可训：《中国当代文学概论》，武汉：武汉大学出版社 2009 年版，第 219 页。

渐地蜕变为专家、学者和职业工作者。他们退居幕后在自我专业领域的执着，体现了不为物质所诱惑的可贵。但作为一介知识分子，放弃对市场、社会和国家的相互渗透又相互冲突的关系的研究，仅仅将自己的视野束缚在道德的层面或者一己之喜好的专业领域，则显示出他们的狭隘与冷漠。

　　发生于1990年代前期的人文精神大讨论，是中国知识分子操起自己独有的话语权力介入社会的一种努力。社会世俗化，人们社会责任感萎缩，知识分子越来越局限于专业范围，对社会干预意识淡薄，人文科学研究不景气，文学为迎合大众走向平庸，现实关怀和终极关怀意识的丧失等等，这些问题是1990年代社会思潮后现代性的一种折射，令人文知识分子深感人文精神的失落，于是一场呼唤人文精神大讨论也开始在知识界酝酿起来。王晓明的《旷野上的废墟——文学和人文精神的危机》一文，将批判的矛头指向风头正劲的王朔和张艺谋，由两人的走红联想到文艺界人文精神的失落，从此"人文精神"成为席卷全国的重要话题。这次人文精神的讨论，使人文知识分子产生了自我分裂与自我怀疑，它提示他们看清自身的境遇，走出自我虚筑的象牙塔的必要性，从而调整生存姿态，在不同流合污的情况下，也能够不再居高自赏。

二

　　1990年代另一受到注意的文学事件，是发生于后期关于诗歌的论争，以"知识分子写作"和"民间写作"为论争双方，"前者的姿态，似乎更近似于六七十年代之交，欧洲知识分子'误入书斋，以书写颠覆语言秩序'、以文本作为'胆大妄为的歹徒'的选择；而后者则选取某种甘居边缘的态度，以文化的放纵与狂欢的姿态挑战或者说戏弄权力"[1]。然而，在争战的硝烟中，原本含蓄、高雅的知识分子形象，在旁观者的眼中变得含混、滑稽了。他们的形象在世纪末，遭遇了再一次的自我粉碎。历数1990年代较有影响的其他文学事件，书写浮靡与困境的《废都》所招来的学界非议，拒绝崇高、揶揄精英的"王朔现象"，扑朔迷离的马桥词典事件，以及喧哗香艳的"美女"写作所带来的阅读快感，都表现了文坛在市场经济条件下，所遭遇的冒险与挑战。而顾城之死、海子卧轨等一系列诗人自杀事件所产生的社会反响，令公众对诗人这一形象有了更多隐秘的遐想，这种遐想令诗人群体在尘世中更显脱俗绝尘。而这一形象所负载的目光，却不再像1990年代之前充满着期待与尊重，在越来越注

---

[1]　戴锦华主编：《书写文化英雄》，南京：江苏人民出版社2000年版，第93页。

重物质财富的社会空间里，文人形象在公众眼里则透露出与时代不符的酸腐气息。

1990 年代的文坛看似喧哗，众神起舞，但也不过是靠着那股残留的余劲在不甘地挣扎。试看 1990 年代文坛上的所谓轰动事件的参与者，比如人文精神大讨论的发起者王晓明，民间写作和精英写作的争论双方，无不是饱受过 1980 年代的文明洗礼的中青年才俊，他们在 1990 年代的论争姿态与其说是在表达，莫如说是在向已经逝去的时代哀唱挽歌。1980 年代的知识分子把自己看作是文化英雄和先知，1990 年代的知识界则在努力地寻求新的适应方式，面对无孔不入的商业文化，他们痛苦地意识到自己已经不再是当代的文化英雄和价值的塑造者。"大部分人文和社会科学领域的知识分子放弃了 1980 年代启蒙知识分子的方式，通过讨论知识规范问题和从事更为专业化的学术研究，明显地转向了职业化的知识运作方式。"①

三

作为文化主导的知识分子，对社会的参与范围已经由中心退居边缘。几次较大的文坛论争和颇具轰动性的文学事件，并没有为势衰的文学再赋新机，反而一步一步地将知识分子拉到了现实面前，令他们不得不直面自己的边缘处境。也许"一味的勇猛精进，不见得就有造就，相反，在平淡中冷静思索，倒更能解决问题"②。中国文人特有的现实适应性，令他们在市场经济的大环境下，慢慢找到了适于自我的生存空间。这种寻找，不免带了些与环境、与商业利益妥协的退守。从价值缔造的英雄，到犬儒的市俗利益追随者，越来越多的学者自愿摘去之前的身份标签，对世俗生活进行全方位介入。在这过程中，日益高涨的市场经济，对知识分子的价值选择有着深远的影响。

市场经济取代计划经济，适应市场需要的运营机制作用于文化工业，如何满足日渐增长的市民阶层的精神文化需要，成为文化工业运作者亟须解决的难题。1990 年代的中国文坛，被西方后现代文化所渗透，这其中包括它的弊端，比如文学的媚俗特征、商品化倾向、对感官和肉欲的追求与展览，以及祛诗化、审丑化的潮流，文学失去了轰动效应。1990 年代文化上最突出的表现，是被称为"大众文化"的通俗、流行文化，借助大众传媒的迅速"崛起"，并且

---

① 汪晖：《当代中国的思想状况与现代性问题》，《天涯》，1997 年第 5 期。
② 王小波：《写给新的一年》，《现代交际》，2005 年 12 月。

渐渐成为文化需求的主要对象，渗透于人们的日常生活，成为主流文化的组成部分。大众传媒的现代化为大众文学的声电化提供了设备基础，所培养出的一大批受众，虽然醉心于文学所支撑的影视听，但离文学本身却渐行渐远起来。另外知识分子的边缘处境，也影响了从事文学和意欲从事文学之人的信心。作家在生存方式上的复杂多样性，表现在如自由撰稿人的出现，作家下海经商，而专业诗人、职业作家越来越稀少，他们转而兼以某一种社会职务，作家从事影视剧编剧、通俗小说的创作越来越普遍，同时作家进驻高校成为教授，也越来越成为双方互惠的选择。这些转变，令作家的生活方式不再单一化，体现了作家对生存空间的努力拓延。

虽然拜金主义盛行于世，不过每个时代总是有几个文人会符合大众的精神审美需要，成为时代的弄潮儿。汪国真热、三毛热分别体现了大众对理想与浪漫生活的肯定。更令人欣慰的是，1990 年代中期以后兴起的张爱玲热，体现了公众对文学接受趣味的转变，但其读者的主体也仅限于学院派、部分白领这一小群体，而这种"热"的原动力与张爱玲本人的传奇身世不无关系，大众阶层对以往贵族后代生活细节的窥探心理，很大程度上推动了他们对张的接受。随之而起的"美女写作"以及八零后创作所引发的众声喧哗，与出版方借助商业媒体的炒作不无关系。在这些接受过程中，读者也并非完全处于被动地位，他们拥有完全的主动性。应他们普遍期待的大众文学，偏重于对世俗生活的描绘，因为怕受众感到乏味，便总是与世俗愿望、平常心态、日常生活相连。大众文学在 1990 年代的崛起，开始改变人文知识分子的价值选择、社会地位和职业角色，更新文化立场、知识结构以及生活方式与人生命运，知识分子群体开始分化。同时有力地参与了当代中国文化，以至当代中国整体现代性进程的想象与构建，它的活力和局限都必然影响整个中国文学的发展和走向。

其实在看似喧哗的时代交响乐中，每一个声部所透出的却是单个人的孤独。就像张爱玲所说："就可惜我们只顾忙着在一瞥即逝的店铺的橱窗里找寻我们自己影子——我们只看见自己的脸，苍白，渺小：我们的自私与空虚，我们恬不知耻的愚蠢——谁都像我们一样，然而我们每人都是孤独的。"① 在这些声部中，史铁生独守着他窗边的一隅夜色，在写作之夜，孜孜不倦地探寻着灵魂深处的一个个疑难。这份直面孤独的勇气，可以抵消任何世俗意义上的孤

---

① 张爱玲：《流言》，北京：十月文艺出版社 2012 版，第 59 页。

独，他以精神强者的姿态，拒绝对浮华众生的谄媚，在深刻的静默里，最后向人们呈示的是别人所越来越不愿直视的心魂。

第二节　1990 年代以后史铁生文学活动略述

相比同时代部分文人出于生存的顾虑而在创作上对于时代的迎合，史铁生的创作心态倒显得自由、随性许多。1990 年代的文坛影响力，在商品经济大潮的裹挟下，已经日薄西山。而史铁生不为外界所干扰，以坚强的生存信念，和执着的创作理念，为文坛开出了一朵朵智慧之花。

一

1989 年 4 月，三十八岁的史铁生与毕业于西北大学数学系的陈希米喜结连理。1991 年他们搬离了原来与父亲一起居住的房子，住进了新分到的位于北京朝阳区的一套宽敞的四居室。同年史铁生还与初中时的同班同学一起倡议，举办了班主任王玉田老师的音乐会。史铁生的朋友，很大一部分是当年的同学，以及后来结识的文坛挚友，如王安忆、陈村。但是史铁生亲身参与的文学活动非常有限，其一是他的体力有限，另外则是一些文人间的聚会，在史铁生看来，若非知心好友，实在没有参与的必要。在他所交往的文人朋友中，可以交心的比比皆是，王安忆曾经亲手为他织过一件毛衣，陈村更是为史铁生的生存境况在网络上呼吁过公众的关注。在获得"华语文学传媒大奖"的答谢词中，史铁生写道"尤其在患了尿毒症之后，我曾一度沮丧，怕是再没有力气写作了，正是在众多朋友——特别是写作界的朋友——的鼓励和支持下，我才零零碎碎地又开始写了"[1]，史铁生在与人交往时倾注的是真诚。真诚与善思，是他对很多年轻人的建议，也是他一直拿来自勉的四个字。他践行着，也收获着。

1996 年的时候，史铁生第一次走出国门，与妻子飞行八九个小时，去斯德哥尔摩大学参加主题为"沟通"的文学讨论会。这是当年《今天》的小说家陈迈平举办的会议，同时被邀请的中国作家还有芒克、多多、严力等当年《今天》的主创骨干。史铁生后来以这一旅程为背景，撰写了《地坛与往事——改编暨阐述》。也是在这一年，他参加浙江省《东海》文学月刊"30 万东海文学巨奖"活动，以《老屋小记》获得"三十万东海文学巨奖"奖金，也是在同

---

[1]　史铁生：《病隙碎笔》，北京：人民文学出版社 2011 年版，第 233 页。

时，史铁生的父亲突然去世，在两者之间，他忍痛毅然去参加颁奖。也是凭借此文，他获得了鲁迅文学奖。在之后的一年，他还在挚友孙立哲的接应下，与妻子和其他友人自驾畅游美国，历时大半个月。他们开一辆巨大房车，从洛杉矶出发，经过赌城拉斯维加斯、亚利桑那州、得克萨斯州等地后到达芝加哥。从美国回来后，史铁生的身体状态每况愈下，后来终于要去医院做透析，这对史铁生的创作产生了极为深远的负面影响。自此，他基本上每隔两天都要去一次医院，每天的写作时间最多只能三四个小时，其余时间都在为透析储备体力，有时与朋友和邻居的谈话时间都要严格控制。

不过即使这样，史铁生还是尽可能抽出时间去参加一些有意义的社会活动。在生前，史铁生有限的几次讲座中，有两次是在高校举行的：一次是在复旦，王安忆刚刚到复旦，便用自己的科研基金请史铁生去做了一次讲座；2007年的时候，史铁生应浙江艺术职业学院之请，再次去了趟杭州，做了一场"文学与人生"的讲座。一个读者这样形容他在那个上午所见的史铁生，"一个憨憨厚厚，不懂得拒绝别人的老好人"。据当时的现场人员回忆，几分钟的路，因为被执着的读者索要签名，竟然走了半个小时——虽然身体状况很不好，他边上的工作人员一再拒绝读者，但史铁生总是示意说，没关系，然后认真地签下自己的名字。友谊医院，是他"三进三出"的老地方。多年前他第一次艰难地走进友谊医院后，没过多久他便坐在了轮椅上，自此很多生命的危急关头都是在友谊医院里度过的。2001年4月，他当年的护士兼好友柏晓利在友谊医院成立了抑郁症患者的互助组织，史铁生为其取名叫"友谊医院心理健康之友"，简称"友谊心友"。"友谊心友"第一场讲座请的就是史铁生，史铁生讲座的题目是《人生就是与困境周旋》，他鼓励病人要重振生活的信心，与困难做斗争，不被其打败。史铁生的生存姿态是残疾人的榜样，而他的文章亦是作家作品中的典范，2002年，史铁生获得了华语文学传媒大奖年度杰出成就奖，获奖作品是他在病痛中完成的《病隙碎笔》。

二

在创作界，史铁生没有自己的阵营，也无意去寻找左膀右臂，在一个个让人眼花缭乱的论争阵营里，他始终处于边缘状态，"但是我想文学不必树旗，尤其不要分拨排队。至少我是不想站队的，我们从小就站队，站腻了，而且每每效果也坏。我赞成'少谈点主义，多研究点问题'，理由是，研究问题并无损于高明的主义，而旗幡障目倒要把问题搞乱"①。他专注于个人心魂的世界，尽力避开世界的邀约。史铁生十分清楚，生命有限，精力有限，而自己坐在轮椅上就更应该争分夺秒，珍惜光阴。与外界保持距离，并不表示他是一个顽固的守旧派，相反，从一些生活细节上可以见出，世界对于他永远是新鲜的，虽然对于生死早已看得清透，但在有生之年，他依然愿意将有限的热情投入给有限的生命。他应该是最早用电脑写作的作家，但是当网络时代到来的时候，史铁生却将自己屏蔽于网络之外了，他不会上网，也不愿上网，因为太浪费时间。透析开始后，他每天的写作时间更是有限，每周的写作时间加起来最多只有十二个小时。《我的丁一之旅》写作时间长达三年，在这三年里，他别的什么都没写，精力非常有限，只有不透析的四天中的上午可以写作。将时间花在网络上，对史铁生来说是奢侈而毫无意义的事，他需要将时间用在写作这把刀刃上。

史铁生生命的最后二十年，虽然身体每况愈下，但他的创作思想总体上是稳定的，坚持理想主义的寻求，同时也并不否弃世俗价值，对人间怀有赤子之心。虽然作品数量有限，但篇篇都有分量，《病隙碎笔》、长篇小说《务虚笔记》和《我的丁一之旅》是他在生命的最后二十年中，向文坛交出的答卷。他生命后期有过几篇微型小说的创作，创作风格与主题意趣较之前略有变化，表现出闲逸、拾趣的一脉。这种变化虽然微妙，但在分分钟都会产生奇迹的心魂里，是难得且可喜的。

第三节　雕琢灵魂的画师

进入 1990 年代以后，史铁生的创作生活仍在持续进行着，只是病痛令他越来越注重对个人心理体验的书写，这种近乎静观心流动向的书写，在 1990 年代强调外向叙述的文学环境中，显得尤为可敬。《病隙碎笔》这本散文集，共分为六个部分，虽然书以病为名，但在行文中看不到丝毫因病痛折磨所带来的负面情绪，史铁生揶揄自己说职业是生病，只有业余才写一点东西，生病对于史铁生来说是一种生存背景，他在与不同疾病相互纠缠搏斗的过程里，加深了对于生死和存在的思考。《病隙碎笔》的写作时间是史铁生罹患尿毒症之后，

---

① 史铁生：《病隙碎笔》，北京：人民文学出版社 2011 年版，第 321 页。

他每周有三次需要去医院做透析，病中的间隙他将自己的点滴思悟记录在文字里，沉着冷静的思悟，令灵魂更见澄澈透明。这其中包括他对信仰、爱情、残疾的思索，同时也有关于民族和社会的思考，他是一位专注于自己的心魂，却又时时心系家国民族的人。他的疑问与试图寻找到的解答，透露出他的普世热情。

一

在《病隙碎笔》中，史铁生对时下社会问题的宽容而不随流的态度，对精神疆域的执着探索以及对自我困境的坦诚剖白，流露出一种崇高感。这种崇高用他自己的话说是一种宗教精神。他有信仰，所信之实最终是自己的精神，他对神性的追问过程彰显了神性，但却并没有证明神。不过这种缺失了"神在"的宗教精神，已经为他的在世生存提供了足够的清醒。在表达宗教关怀的神性言说中，史铁生借助散文艺术所表达出来的情感与哲思，启迪了人们的日常理性认知。在 2002 年的华语文学传媒大奖年度杰出成就奖的授奖词中，谢有顺先生对史铁生的评价是"当多数作家在消费主义时代里放弃面对人的基本状况时，史铁生却居住在自己的内心，仍旧苦苦追索人之为人的价值和光辉，仍旧坚定地向存在的荒凉地带进发，坚守地与未明事物做斗争，这种勇气和执着，深深地唤起了我们对自身所处境遇的警醒的关怀"。主持人马原说，史铁生是当代最令人敬佩的作家之一，他的写作与他的生命完全同构在了一起，在自己的"写作之夜"，史铁生用残缺的身体说出了最为健全而丰满的思想。他体验到的是生命的苦难，表达的却是存在的明朗和欢乐，他睿智的言辞，照亮的反而是我们日益幽暗的内心。韩少功认为，《病隙碎笔》几乎是一个爱好科普知识的耶稣，一篇可以在教堂管风琴乐声中阅读的童话，是一种在尘世中重建天国的艰巨努力。史铁生孜孜不倦地思考着有关信仰、残疾、爱情，以及写作等形而上的精神问题，姿态执着，同时又在形式上不拘一格，深刻且不失平易亲切，贴近每一个人的生命伦理。通过对这些问题的苦苦思索，灵魂更见澄澈透明。

史铁生对于信仰的思考，最可贵之处是，他是病人，却并没有因为对康复的渴望而去膜拜哪一位神祇。虽然常话说久在病中，很少会有无神论者，但是在这本书开头的部分，史铁生承担了这份残疾的命运，他将命运比作上帝构设的剧本，人在其中的角色不容更换，在早已被预设好的剧情里，自我在不被告之下一步剧情的状况下，只能虔心演出。史铁生多次在小说与散文中提到《圣经》旧约中约伯的信心，约伯是上帝忠实的信徒，但是撒旦跟上帝说约伯之所以虔敬，是因为上帝应许了约伯许多在世的福乐，比如财富与儿女，撒旦跟上帝打赌，若将这些收回，约伯的信心必将不再虔敬。于是上帝接受了撒旦的赌约，只要不拿去约伯的性命，其他的都可以拿去。在经历了一连串的打击与磨难后，约伯只剩下一片可以疗毒的瓦片，但即使这样，最终还是上帝赢了，约伯并没有将命运的暴击转化为对上帝的怨怼。因而之后，上帝许诺他较之以往更多的福乐。看不见而信的人是有福的，约伯在接连的命运磨难中依然秉持着自己对上帝的信心，在没有福乐许诺的情况下，不改初衷，在宗教学的意义上体现了他对上帝的虔诚。史铁生对约伯的信心持肯定态度，他认为人生是一个过程，虽然不一定要靠信仰上帝去获取意义，但对这个过程亦不必太过执着，无论是伤痛，还是喜乐，在生存所面对的现实面前，终将都会是虚无的过往，但人所能做的是要在这份承受与隐忍中，创造了生命的尊严与意义。

在这有限的人生征途上，充满着无穷无尽的欲望，且欲望永远也得不到满足。欲求和挣扎是人的全部本质，欲求此起彼伏，且永远得不到满足，人从来就是痛苦的，因为他永远徘徊在未得到和已失去的循环里。回归到史铁生自身，在很多人看来命运对他很不公平，在最狂妄的年纪陡然失去了双腿，但是在经历过一系列身体的病痛后，他终于明白，"任何灾难的面前都可能再加上一个'更'字"[1]，因由这份领悟，他感恩于命运。他将生病比作是放假，以一种乐观的态度来对待病痛所施予生活的种种疑难，"四十几岁时，我忽然听懂了上帝的好意，不由得心存感恩。命运把我放进了疑难，让我多少明白了些事理，否则到死我都会满腹惊慌"[2]。他将这肉身所经历的苦海当作是灵魂的锤炼之地，纵使对"史铁生"有千百般宠爱或者万种磨难，"我"最终只是途经这里。

二

在无数个写作之夜，在无边的灵魂属地里，史铁生窥探到自己和他人的心魂，看到被白日隐藏起来的人之全部。史铁生对于"真"的强调无处不在，例如在艺术中"真"与"像"的思考，他认为不能以"像不像"这种表面肤浅的标准去评价艺术品，"不能因为不像，就去谴责一部作品，而要看看那不像的

---

[1]　史铁生：《病隙碎笔》，北京：人民文学出版社 2011 年版，第 3 页。
[2]　史铁生：《病隙碎笔》，北京：人民文学出版社 2011 年版，第 411 页。

外形是否正因有心魂在奔突，或那不像的传达是否已使心魂震动、惊醒"①。同时行走在这世间的心魂需要爱与被爱，而爱的能力是最宝贵的生命礼物，"爱，永远是一种召唤，是一个问题。爱，是立于此岸的精神彼岸，从来不是以完成的状态消解此岸，而是以问题的方式驾临此岸。爱的问题存在与否，对于一个人、一个族、一个类，都是生死攸关，尤其是精神之生死的攸关"②，在对困境的突围过程中它所喻示的生存智慧，这种仁爱彰显了人性的光辉。这种生存观与海明威的硬汉哲学如出一辙，命运永远打不败一个热爱苦难、满怀爱心的人。史铁生的理想主义，"是一种个人、开放的、宽容的、注重过程的、充满爱心的理想主义。它以虚无为背景，又超越了虚无，它是人生悲剧中的微笑，荒谬命运中的浪漫，俗世社会中的精神乌托邦"③。因由这份爱，人才能与这世间和谐相处，走向精神的超越。秉承着对人类的大爱，面对在物质社会里人性的迷失，他并不看好人性解放所带来的后果。他认为在新的千年里，人性的解放越来越无底限，在这种情况下，所谓的人性解放更容易走向魔性一端。

有关于爱的施予，史铁生认为无论条件多么优渥，都不可以将施爱当成是自我凌驾于他人之上的台阶，对所有提倡爱并自信怀有爱愿的人来说，当面对世界上其他比自己境况差许多的人时，如何将一腔爱愿落到实处？如何将爱愿与最终的虚伪分隔开来？在互爱互助的时候，面对彼此物质上的差异，史铁生提醒我们，不应带着仇富的心态去辨别爱愿的真伪，真正应该谴责的是"为富"却不仁者。提倡爱愿，并不意味着贫富的扯平。平均从来不会平均到富裕，只会带来一致的贫穷。身为从"文革"走出来的人，史铁生深刻地洞见那一时代中平均主义的空洞无力，但他对竞争的肯定是渴望大家能够向简约前进，将竞争引向另一个方向，而不要因为攀比而使自我复杂，若一定要有竞争，不如比比谁更简朴、更节俭。史铁生对简约生活的向往，体现了对个体回归人本真的渴望。

三

喧哗跟风的文坛所迷失的，是史铁生一直都未曾离弃过的对信念的坚执，这令他成为当代最有资格描画灵魂的写作者。在给友人的信中，史铁生说："我的写作多是出于疑难，或解疑的兴趣。可是，所解之疑在增加，未解之疑

---

① 史铁生：《病隙碎笔》，北京：人民文学出版社 2011 年版，第 74 页。
② 史铁生：《我与地坛》，北京：人民文学出版社 2011 年版，第 325 页。
③ 许纪霖：《另一种理想主义》，上海：复旦大学出版社 2010 年版，第 157 页。

却并不减少。"① 这种生生不息的疑难，是因为探索不息的心魂，人们在世为人所做的一切归根结底都是从"心"出发的。在小说中人物形象的塑造上，史铁生并不认同一个作家可以塑造任何完整的人物，因为任何完整只是一段时间存在于一个人的生存阶段，不可能跟随他自始至终，而作为塑造者的作家，与人物是平行的，作者只是经过人物，"从一个角度张望他们，在一个片刻与他们交谈，在某个地点同他们接近"②，作者的心绪只是在人物的心魂空间里游荡过。

米兰·昆德拉说，生命不能承受的不是存在，而是作为自我的存在。史铁生专注于自我的思考与探索，不忘初衷，并没有被大众文学的浪潮所裹挟迷失。昆德拉把小说分为三种：叙事的小说、描绘的小说、思索的小说。在他看来，思索的小说这一概念所显示的是小说合并哲学的可能性。在当代中国，史铁生一直在创作这种思索型的小说。在他看来，小说既能融合诗歌，又能融合哲学，同时毫不丧失它特有的本性，这正是因为小说有包容其他种类、吸收哲学与科学知识的倾向。他的创作亦不局限于技法的约束，融合古今、现实主义、现代主义等等创作手法统统信手拈来。他不追赶时髦，亦不故步自封，一切手法的运用都是为了符合心魂探索的需要。

《病隙碎笔》看似是一个人的病中玄谈，充满着形而上的哲思，但这些看似玄虚的高论，实则体现出史铁生本人的生存体验，他虽然一生中的大部分时间都生活在轮椅上，对世间的直观接触受到了限制，但是他对人类普遍灵魂领域的洞察，却带有普遍性特征。而这部写于病中的散文，因为疾病所带来的生存体验，使得他对自己的精神境况有了更为细微与深刻的梳理。他敢于一步步直视自己灵魂深处的孱弱，孤守于自己的精神园地，以诚实和善思为种子，培植出了令世人仰慕的精神果实。

---

① 许纪霖：《另一种理想主义》，上海：复旦大学出版社 2010 年版，第 433 页。
② 史铁生：《务虚笔记》，北京：人民文学出版社 2011 年版，第 290 页。

| 第二章　理想主义的歌者

　　早在 1980 年代，史铁生凭借《我的遥远的清平湾》成为知青文学理想主义一脉的代表，到了 1990 年代，史铁生的理想主义情怀更为突出，且更为内向。"史铁生的理想主义不再以群体为本位，而代之以明确的个人立场；生命的意义不再与历史的或形而上的终极目标发生关联，而是对虚无困境的战胜和超越；他的理想主义也不再是咄咄逼人的、侵略性的，而是温和的、宽容的、充满爱心的"①，而同代人所持有的是集体理想主义，这种理想主义看似一呼百应，却也最容易破碎，在任何现实的疑难面前最先溃败的往往就是持有集体理想主义的人，比如在知青群体中，"非道德主义与功利主义后来在这一代人中泛滥成灾，下乡运动是一重要原因。另一方面，在运动的最初几年，当一个政治积极分子变成了离开农村的理想方法。所以知青们产生了对政治的普遍怀疑以及政治犬儒主义"②。"从'文革'到上山下乡，这代人的各种表现已经充分说明了，他们的本性中同样存在着自私、贪欲、卑鄙、冷酷等恶的一面，理想主义之下，有为一己出人头地的私欲；革他人之命的行为，掩盖着某种出卖别人保全自己的丑恶"③。而在知青一代中，史铁生也许是极少数能够超越自身、具有现代意识和普世情怀的作家。

---

① 许纪霖：《另一种理想主义》，上海：复旦大学出版社 2010 年版，第 152 - 153 页。
② ［法］潘鸣啸：《失落的一代：中国的上山下乡运动（1968—1980）》，欧阳因译，中国大百科全书出版社 2010 年版，第 346 页。
③ 定宜庄：《中国知青史：初澜（1953—1968 年）》，北京：中国社会科学出版社 1998 年版，第 438 页。

第一节　理想主义小考

从广义上讲，理想主义者永远在寻找生存的意义，他们非常崇尚人与人之间和各种关系中的真实和正直，将人生理想化，善于运用直觉去认识世界，善于从情感出发去判断世界。从学理上讲，理想主义，是一种哲学体系，虽然其内容庞杂、界限模糊，但与众所周知的现实主义领域却有着清晰的界限，它注重观念的作用，也就是观念的先在，中文译理想主义为观念论，或特称之为主观的观念论（Subjective idealism）。

一

就人生哲学方面来说，理想主义意味着特别重视一些有价值的事物，如善、美、智慧、正义、神圣、完全等等。史铁生虽然在最狂妄的年纪忽然失去了双腿，且病痛不断，当他人都在意气飞扬争做时代弄潮儿的时候，他却只能在轮椅上思量如何解决自己最基本的生存问题。在外人看来，史铁生历尽了上帝的一切恶作剧，但是在生命的最后十几年中，他开始感恩于命运，呼唤人与人之间的爱与互助，在一次有关毛姆的阅读中，他赞同毛姆关于爱的观点，即"爱，一是指性爱，一是指仁爱（我猜也就是指宏博的爱愿吧）。前者会消逝，会死亡，甚至会衍生成恨。后者则是永恒，是善"[1]。史铁生所理解的这颗仁爱的心，在牟宗三看来，恻隐的仁心可以将人从物欲的机括中解脱出来。恻隐之心作为一种仁心，是道德的实践之心，通过它，人们让自己从物质的羁绊中解脱出来，随之而来的行动是这颗仁心的基本特征。牟宗三认为理想便根植于这颗道德的心。"绝对的善，是从'怵惕恻隐之心'而发的。由此所见的理性是理想的，由此所见的理想是理性的。"[2] "怵惕恻隐之心，同时是心，同时也就是理，此心理合一的心，就是儒家所说的'仁'"[3]，同时也是康德所说的"善意"。总之，怀揣着对这世间的恻隐之心，理想主义者的史铁生在文字里，为混沌的俗世众生勾画了清晰的精神彼岸，人人应该彼此相爱，这根植于世间的天堂想望，为疲倦的心提供栖息之地。同时智慧、美德这些传统词汇再次在史铁生文字的光照下散发出了时代光芒，即使微弱，却彰显了可贵的精神之光。

---

① 史铁生：《病隙碎笔》，北京：人民文学出版社 2011 年版，第 114 页。
② 牟宗三：《道德的理想主义》，长春：吉林出版集团有限责任公司 2010 年版，第 22 页。
③ 牟宗三：《道德的理想主义》，长春：吉林出版集团有限责任公司 2010 年版，第 23 页。

在近代，理想主义"坚决否定各式各样的无神论，理想主义不论其世界观为一元的或多元的，其认识论为主观观念的，实在的，或实验的，因皆容许有至高心灵的存在，故大致归结于一神论"①。几乎没有一个理想主义者是斩钉截铁的无神论者，史铁生在四十岁的不惑之年写道："但是有一天我认识了神，他有一个更为具体的名字——精神。在科学的迷茫之处，在命运的混沌之点，人唯有乞灵于自己的精神。不管我们信仰什么，都是我们自己的精神的描述和引导。"② 昆德拉说："世界的非神化是现代社会的一个特殊现象。非神化并不意味着无神论，它指的是这样一种情景：个人，有思想的自我，代替了作为万物之本的上帝；人可以继续保持他的信仰，去教堂跪拜，在床沿祷告，然而他的虔诚从此将只属于他的主观世界。"③

史铁生从人本立场出发，依旧怀揣着理想主义情怀结束了 1980 年代对于命运的探问，到了 1990 年代在作品中沿袭了文字里表达个人情感的那一部分传统，并且在此基础上有了自我的更新。在肯定人类社会性的前提下，基于对个体生命价值的尊重和对人性的宽容，史铁生在行文中散发的怜悯同情、勇于冲破利益遮蔽、颂扬正义与美好，这种对个人化书写的坚持，在 1990 年代的话语空间中显得尤为可贵。"就具体事实而论，人必是社会动物。他是出生在家庭中，活跃在职业团体中，而成就其使命在民族以至全人类社会中，哪里有孤立的个人呢？孤立的个人又从何处表现他的爱，何处成就良善呢？"④ 史铁生认为人与人之间不要强调隔离与敌视，而应呼唤沟通与爱恋。

二

"与 1980 年代不同，市场中国的文学以平庸化、个人化、民间化和底层化为理由，追随于现实的左右，大片地放弃理想主义的精神立场，敞开了欲望与鄙俗的交接空间。"⑤ 在世俗化浪潮不断高涨的时候，史铁生以心为马，执守着他的个人理想主义，驰骋在个人的心魂疆域。史铁生一面探讨着生命的意义，一面则尽可能精微地雕琢着灵魂的轮廓。史铁生的理想主义并不追求崇高，而

---

① ［英］柏克莱等著：《近代理想主义》，谢扶雅、章文新等编译，北京：宗教文化出版社 2013 年版，第 7 页。
② 史铁生：《病隙碎笔》，北京：人民文学出版社 2011 年版，第 183 页。
③ ［捷克］米兰·昆德拉：《被背叛的遗嘱》，余中先译，上海：上海译文出版社 2003 年版，第 8 页。
④ ［英］柏克莱等著：《近代理想主义》，谢扶雅、章文新等编译，北京：宗教文化出版社 2013 年版，第 10 页。
⑤ 施军：《退潮的理想主义：20 世纪 80 年代后中国文学》，《文艺评论》，2010 年第 6 期。

是力求平实。在平实中，不乏深刻，可以触摸得到生活的质地。他不留恋顾后，同时也不盲目瞻前，而是脚踏实地于眼前，着眼于手边的每一寸光阴。作为经受过上山下乡的洗礼和之后的思想解放潮流的一代人，史铁生的思想是驳杂而又有序可循的，他的创作，是对孔夫子时代已经奠定的中国式诗歌美学"乐而不淫，怨而不怒，哀而不伤"的一种隔空呼应。理想主义和其他哲学一样，都不赞成盲从"权威"，都会反对任何外来强力所加诸的自我反省，同时与任何有违自我心地的利益保持距离。1993 年《上海文学》第 6 期刊载了王晓明、张宏、徐麟、张柠和崔宜明的对话体文章《旷野上的废墟——文学和人文精神的危机》，"此文立即引起了文学界后来波及整个思想界和教育界的大讨论。现在看来，这一场大讨论其实就是一场在市场经济条件下重建理想主义精神的思想运动"①。史铁生虽然没有名列论争的队伍，但他以身体力行的创作发出自己对于时代的理想主义呼声。

以爱为出发点，史铁生摆脱集体话语和时代对个人的奴役，同时不局限于自我悲怜的自怨自艾，能够从个体生命感悟出发，进而在一定程度上包容了对于人类生存和个体生命的思考。读史铁生的作品，无论是饱含着默默温情的散文，还是借助人物探讨人生困境与疑难的小说，都可以感受到他灼热而温和的理想主义情怀，这种理想主义所彰显的生命质地执着而富有韧性。史铁生以其创作证明，虽然已是 21 世纪，但理想主义在现实中的力量是强大的，它可以跨越苦难，令痛苦散发出灼人的光辉。

第二节 理想主义的困境

一

在经历过现代主义的洗礼后，史铁生在小说创作上试图寻找新的突破，他勇于打破之前局限于现实的视角，创作视角向内转化，穿越一个个孤独的"写作之夜"，深入探寻人的生存本体，道出人类生来就有三种困境，即欲望困境、死亡困境与孤独困境，这三种困境自人类一出生就裹挟住人，使人类没法在精神上自由，他们每一行步都是受这三种困境的制约。而在生活的形而上层面上

---

① 罗玉成：《论当代文学中的理想主义精神及其流变》《南华大学学报》（社会科学版），2005 年第 6 卷第 3 期。

如何解脱自我、活得从容，从困境中突围，是史铁生在 1990 年代以后在作品中着重探讨的话题。而他的着眼点是以爱为出发点，怀揣着理想主义情怀，呼唤人与人之间的爱，同时探讨关于"爱"的寻找与践行。在理想主义关照下所塑造的人物形象，从《务虚笔记》中的 WR、O 到《我的丁一之旅》里的丁一，他们在自我命运的苦苦经营中，事业或爱情均遭遇了不同程度的失落，显示了史铁生关于理想主义困境的思考。

在那个政治敏感的年代，WR 因为暧昧的海外关系，失去了考大学的资格。年轻气盛的他倍感被作弄，去寻问当局，因出言不逊而闯下大祸，继而被流放到遥远的边疆。本以为一个年轻人的前途会就此终结，但许多年以后他从这场政治灾难中挺了过来。在读者所能想象的思想政治犯的牢狱遭遇里，WR 的影子可以随时被安插进去。然而那几年流放的日子彻底改造了他，这种改造将他从一具肉体凡胎退化为一位丧心病狂的权力追随者。他的回归代表着一种死亡与另一种生长，他那爱追寻梦想的年少轻狂，早已被对权力的苦心营构所代替。再次回到正常现实世界的 WR 决定去获取权力，目的是让自己的悲剧不再在其他人身上重演。"我只是想，怎么才能，不把任何人，尤其是不把那个看见上帝光着屁股的孩子，送到世界的隔壁去。其他的事都随它去吧，我什么都可以忘记，什么都可以不要，什么骂名都可以承担"①，为此，他放弃自己爱的人，娶了可能会在仕途上帮助他的女人。WR 试图在时代理想的废墟上实现自己干预现实的政治梦想。他以自我毁灭的方式来进行的坚持，响起的是时代对于一位理想主义者的悲情回击。

史铁生认为，在这实实在在的人世上，在看似浩瀚的时间里，人所途经的仅是属己的生命体验，历史的每一瞬间，都有无数的人生在蔓展，都有无限的时间延伸。人人生来孤独，无数的历史和无限的时间因破碎而成片段，互相埋没的心流，在孤单中祈祷，在破碎处眺望，鲜有圆满。虽然每个人都努力同别人接近，但实际上都是孤独的，充满了不安全感、恐惧感和负罪感。只有消除心墙，才能消除这些负面感觉。WR 以为要消除这种亘苦的孤独，最有效的办法就是通过权力去干预，他期待用权力去取消人间的隔离。他没有意识到其实有一种隔离是触摸不到，是权力所无法企及的，那就是立场。即使付出了惨重的爱情代价，WR 的官运却一直受阻，这与他对自我政见的坚持有关，他无法

①　史铁生：《务虚笔记》，北京：人民文学出版社 2011 年版，第 286 页。

在官场上做一个与上司同流合污、善于识时务的所谓"俊杰"。本来要有一番作为的 WR，在官场所面对的生存悖论是"如果你被贬谪，你就无法推行你的政见；你若放弃你的政见呢，升迁又有什么用处"①？虽然在爱情上狠心做了恶人，伤害了年少时的恋人，但是 WR 的绝情并没有让官场的一些规则扭曲自己的初衷。他也因此明白，并不是什么事都可以倚仗权力的。这种发现是一种回归，也是在此时，他遇到了 N，在外形上与他的初恋 O 相仿的女导演，他们恋爱了。但已是有妇之夫的 WR 因为政治前途的顾忌，无法给 N 承诺。在爱情里，他又一次做了负心人。不过 WR 对爱情的舍弃并不能完全责备于他本人的冷血，他成长于特殊的时代，且有着不同于别人的成长经历，人是社会性动物，"每一个在一个特定社会生活的人的爱的能力取决于这一社会对这个人的性格的影响"②。

<h2 style="text-align:center">二</h2>

史铁生作为个人理想主义的典型，他首先肯定了人的价值。比如在《我的丁一之旅》中，丁一是作为行魂的"我"所历经的器具之一，因由"我"的执念，他成为一位爱情理想主义者。而"我"之所以中意于"人"这一形体，体现了史铁生对于人的肯定，他认为，人除了是社会的人，并不只剩下生理的人，人还是享有人权的人、追求理想和信仰的人。"这人形之器你看多好！不单衣食宿行，还可嬉笑怒骂；不单近观远眺，还知居安思危；不单猎兽谋皮，还可饲禽取卵"③。而且最主要的是，人形之器最为突出的优点是懂得思想和审美，进而作者赞叹上帝这独一无二的造物。通过与人这一器具形影不离的相处，"我"总结人生的道路虽因人各异，但万千路途说到底是一个"情"字。我们整个人生历程都围绕着维持生命这一目标进行，正是为了维持生命，我们对于生活的一切考虑，都是在对孤独的恐惧的基础上进行的。而爱情中亲密无间的二人关系，可以抵挡孤独的侵袭。在泛滥的不谈爱情，只管吃饭穿衣的活命哲学所营造的话语空间里，史铁生反潮流而行，依然坚持对爱情的守望与执着。史铁生认为真正的爱情主要是两点决定的，一是困苦中的默然相守，一是隔离中的相互敞开。困苦才能证明爱情，这一点史铁生深有体会。1998 年，史铁生得了尿毒症，需要透析才能过活，然而高额的透析费令他们夫妻两人愁眉不展，在一筹莫展的

---

① 史铁生：《务虚笔记》，北京：人民文学出版社 2011 年版，第 461 页。
② ［德］埃里希·弗罗姆：《逃避自由》，陈学明译，北京：工人出版社 1987 年版，第三章。
③ 史铁生：《务虚笔记》，北京：人民文学出版社 2011 年版，第 5 页。

日子里，妻子日夜陪在身边，鼓励他，令他感到爱的辽阔与深重。

他亦借助于小说铺展自己对于爱之心境的诠释。《务虚笔记》中，相比于WR在爱情里的躲闪，O则是一位彻头彻尾的爱情理想主义者。她携着对WR的爱度过少女时光，将等待和期许都寄予给一个被时代所抛弃的人，虽然对方归来后并没有选择她，她亦无怨无悔。待新爱情到来时，她又再次燃烧起自己身体里的爱之花火，爱得奋不顾身，飞蛾扑火，殉身的姿态是抛弃世俗成见的勇敢仪式。当发现自己爱上了Z时，她毅然与当时的丈夫离婚，奔向Z，她爱他的一切，"甚至爱他的征服，甚至爱自己的被征服"①，爱Z的过程就是为他加冕称王的过程。但是这并不为Z所悦纳，在他看来，O所有为爱他所做的事情，都是他征服这个世界的一枚勋章。各种际遇终于令O绝望下去，对自己也对Z，于是她选择了自杀，但她在遗书中说，"在这个世界上我只爱你，要是我有力量再爱一回，我还是要选择你"②，O的自杀引起了别人的种种猜测，体现了她的爱在无以为继后，自己的无能为力与绝望。这封誓言一样的遗书，令人动容，但细究起来，会让人想起语言的迷惑性。O看似是在对Z信誓旦旦地表决心，但这又像是对自己的一种提醒：自己的爱只能给Z。但被心魂牵系的爱情像流水，即使再坚如磐石的誓言，都有可能会随着时时刻刻在产生奇迹的心魂化作无力的泡沫。也许正如WR所以为的，"O，不敢承认旧的已经消逝，正如她不敢承认新的正已经到来。那序幕，无论发生了什么，无论发生了什么和到了什么程度，她的死都说明她不能摆脱旧的束缚，而且无力迎接新的生活"③。看似O是对Z的失望而自杀，但更是对自己的失望，因为她失去了爱下去的信念。信念之于一些人，就如同活着时的空气，没有它，再繁盛的人间场景也形同虚设。

O的爱不足以上升到宗教的无我境地，说到底，她爱人实际上还是为了升华自己的生命。作为作者，史铁生的人本主义立场，不足以帮助人物找到更好的立世之本，他经过O到达Z的过程，是一点点撩开命运面纱的过程，但这路程因过于艰辛而横陈着几个终于走不动了的肉身。他对人与人之间的关系的审视和评判，最终所指向的是爱。可以发现，他的人间之爱中所隐含的含义偏向于基督信仰里的"上帝之爱"，只是作者站在凡人立场看清了这爱在实践过程

① 史铁生：《务虚笔记》，北京：人民文学出版社2011年版，第418页。
② 史铁生：《务虚笔记》，北京：人民文学出版社2011年版，第418页。
③ 史铁生：《务虚笔记》，北京：人民文学出版社2011年版，第474页。

中的艰难。因此他将宗教道德化，他在各种文本通过人物传达了他类似宗教的生存智慧，只是这智慧却不足以为他在这世间行走预备充足的行囊。他试图在圣坛之外寻找一块属人的领地，希冀自我得救的同时又享有类神的淡泊。他总是在寻求爱人之间理解和对话的可能，消除他们之间的误解和隔阂。

三

在《我的丁一之旅》中，"我"寄居于丁一这一肉身之中，目的是为了借丁一去寻找失散的夏娃。"我"作为行魂在丁一的欲念里起启示作用，但并非主导，时时还要听命于丁一，因而时刻产生矛盾与纠葛，即灵与肉的交战。这种人物关系的设置，有着弗洛伊德人格结构理论的特征，弗洛伊德认为人的人格结构由三个层次构成，即本我、自我、超我，小说中的本我，即丁一，他反映了人的生物本能，按快乐原则行事，寻求直接的欲念满足，不顾在现实中是否有实现的可能，而自我则一方面尽量满足本我需求，另一方面时时用超我的道德原则来约束本我，这也是"我"时时为丁一感到无可奈何的原因。借助于《圣经·旧约》中创世纪的典故，亚当与夏娃因为偷吃禁果，被逐出伊甸园，"在接受惩罚的同时，他们也接受了上帝温柔的嘱托：不同，构筑起差别；遮蔽，呼唤着寻找；禁忌，隐喻了敞开；这样你们才可能成就一段牵魂动梦的道路"①。彼此寻找的难点体现在通往这条道路的过程中，人必须要经历孤独的锻造，丁一所要记下的是：第一，唯当你找到夏娃，你才能认出她不是别人，而此时她与别人毫无二致；第二，你不能靠展示上帝赋予你的信物去昭告她，不能滥用那独具的语言来试探她——就譬如，人是不可以试探神的！……第三，最终我们又必须靠这信物，靠这独具的语言，来认定那伊甸的盟约。带着对夏娃的渴慕，"我"作为一具行魂寄居在丁一的身形里。作者的这一设置与传统现实主义创作手法相比，可谓别出心裁，根据尼萨的格列高利的观点，"灵魂是一种被造的、活生生的、有智慧的实体，她把生命力和把握对象的能力从自身发送给结构精致、感觉灵敏的身体，只要有这种能力，作为感觉对象的自然物就能够联系在一起"②。全文除了以丁一和他的女人们为主线，还设置了姑父与馥的故事，以及丹青岛的故事两条辅线，交错展开。所有的故事几乎都围绕着爱情相关的命题展开，记录不同的价值观、生活方式的人对真爱的追求以及实践过程。

---

① 史铁生：《我的丁一之旅》，人民文学出版社 2011 年版，第 23 页。
② ［希腊］尼萨的格列高利：《论灵魂与复活》，张新樟译，上海人民出版社 2006 年版，第 33 页。

　　人的欲念、人的追求是客观存在，是无论怎样教育、怎样改造，也压抑不了的，无论是不敢正视，还是明明知道却设法掩饰，它还是要以各种方式表现出来，"如果欲望是种魔药，有立竿见影之效，那么爱情便是个奇迹，其效果只有在时间里才逐渐彰显。爱情是恒久的，而欲望在此刻，欲望值得尊敬，它值得上那些纷扰，但它不是爱情，只有爱情才值得上一切"①。在人的所有活动中，"情"字是所有迎来送往的终点。但是作为肉眼凡胎的丁一却并不能够完全坚守灵魂的信念，他时而会在寻找的途中眠花宿柳，乱了心性，因此"我"常常拿他无可奈何。"我"与丁一的一次次无硝烟的战争，体现了人自身灵与肉的挣扎。在阅尽花事，意兴阑珊之后，"事实再次让我警醒：我与丁一毕竟志趣不同！他沉迷于美形美器，我犹自盼念夏娃的魂踪"②。但最终经过灵与肉的挣扎，丁一等到了灵魂与肉体都满意的娥，两人一拍即合。爱情不是性满足的结果，而是性的幸福，甚至掌握所谓的性技巧也是爱情的结果。当一切本能的愿望得到满足，不仅不是幸福的基础，而且不能保证人精神的起码的健康。性爱的合一"象征着作为主体的人，在灵与肉、现实与梦想、物质和精神、欲望和情感之间的和谐一致。在作者看来，只有这样的人，才是自然的、没有被分裂和异化的人，只有这样的人生，才是完整和有意义的人生"③。

　　本以为丁一的爱情终于得以圆满，然而好景不长，在寻找夏娃的过程中所遭遇的那些心墙，以及这些心墙所带来的冷漠，并没有令丁一珍惜得来不易的爱情。在一场以戏剧为名的排演中，他将自己与秦娥的二人关系中安插了萨这一现实角色，然而现实中的娥与萨最终没能够进入这一出美其名曰的戏剧。丁一的爱情乌托邦体现了他的爱情理想主义，而这种理想主义下深埋的是他人性的权力扩张欲望。戏剧的要领是有限的时间、有限的空间、有限的人物和有限的权力，丁一的爱情理想毁于自己的权力欲望，作为剧中人的娥与萨相继离开，而丁一也最终魂归于天。丁一的失败说明无论理想多么真诚、美好，只要一涉及权力，那么它就面临一种消亡的危险。丁一是结束了这场生命之旅，可是他却没有解决"我"心中的疑难，什么样的爱情才是理想的爱情？当理想的爱人出现时，要如何才能维持住这段得来不易的关系，作者并没有给我们答案。疑难生生不息，就像总是绝处逢生的心魂，心魂被欲念牵系，无始无终。

---

① 珍妮特·温特森：《欲望》，出自张悦然主编：《鲤·荷尔蒙》，上海文艺出版社，2010年10月。
② 史铁生：《我的丁一之旅》，北京：人民文学出版社2011年版，第115页。
③ 张宏：《史铁生：一个理想主义者的爱情哲学》，《中国图书商报》，2006年1月20日，第A01版。

四

在情场上的控制欲与官场里的权力欲望有着异曲同工之处，那便是实现自我的自由，而这自由往往是以牺牲他人的付出为代价的。丁一渴望爱，却无力将爱情之花长久浇灌。在肯定爱情重要性的前提下，如何才能让爱之花长开不败？这是一个令人费解的终极难题，作为与人物共命运的小说家，史铁生从来没有给出过明确的答案，他说，作家要贡献自己的迷途，丁一之旅是他心里的故事，他只是以丁一之名去看那理想的危险。丁一曾那么地渴望灵与肉都与自己相契合的夏娃，在找到秦娥以后，却最终因为自己的私欲伤害了秦娥，史铁生安排丁一的死亡，既是对小说中人物命运归宿的交代，同时也展示了身为作者史铁生的无奈，体现了他对人类理性能力的无能为力。爱情梦想的实现很难，但更难的是如何维系住实现了的梦想。

爱作为疲惫生活里的英雄梦想，对人性有着极为严格的试验。无论是热衷仕途的 WR 还是丁一，他们在爱情里的失败，体现了人性的困境，是人本主义的失败。走出人本主义困境的路径之一是去寻求爱的能力，在与人的相处模式中，让自己成为一个理想的伴侣，而不仅仅是去寻求理想的伴侣。弗洛姆说，爱，是生产爱的能力。它绝非是任何人都可轻易体会的情感，人必须竭尽全力促成其完善的人格，形成创造性的心理倾向，否则他追求爱的种种努力注定要付之东流，不具备本真的谦卑、勇气、信仰与自律者，不可能获得爱的满足。当二人关系出现罅隙时，如何修补，所体现的是对疑难的虔诚，在虔诚中依然保有希望，盼望爱的复临，从而彰显人类尊严的光辉。

爱情与残疾是史铁生的人生密码，对于爱情，他认为至为关键的是诚实，然而诚实是自始至终的解药吗？每个人都是一个独立的体系，在一对一的爱情模式中，二者能否做到完全的诚实？完全诚实了的爱情，是否还能够称之为爱情？因为障碍所以想要探寻的过程成就了爱情的美妙，当一段关系失去了顾忌与遮蔽，它所走向的圆满是值得推敲的。"有时候，我们甚至渴望罪恶，盼望魔鬼重新降临死国，兴风作浪，捣毁这腻烦的平静，把圆满打开一个缺口，让欲望回来，让神秘和未知回来，让每个死灵心中的秘密都回来吧，让时空的阻碍、让灵与灵之间的隔膜统统回来！"[①] 彻底的诚实也许只能通向彻底的虚无。

---

① 史铁生：《命若琴弦》，北京：人民文学出版社 2011 年版，第 427 页。

| 结　语

　　任何来自客观现实里的第一手资料，所填充的不过是史铁生浩瀚精神世界里的微小一隅。回看他短暂而充实的一生，他对现实的反抗、对孤独的抵御，以及对人类生存困境的不竭发问与思考，所依靠的都是自己从精神领域所探求出的力量，这力量支撑他越过一个又一个命运的疑难，亦照亮了后人的迷途。他在无数个"写作之夜"所秉承的智慧之烛永远明亮，彰显出一位精神巨人的光辉。

　　他对于苦难的超越，首先来自对苦难的认领。人是上帝剧本中的一个角色，上帝这位编剧可以随心所欲地将人安置于任何一种境地，无论顺境、逆境，人所能做的就是对境遇的认领和承担。这听起来是消极的宿命观，但是史铁生令自己这样以为，只是为了给自己预备认领灾难的心态——因为灾难已经无法更改。尼采的"爱命运"，在史铁生的身体力行中得到了很好的注解，面对无从更改的生命困境，他抱持着一种不屈不挠、互助互爱的精神。因为宿命的灾难，所以有了宿命的写作。史铁生的写作一开始是为了生活，进而发展为一种信仰，在与之关系越来越密切的岁月中，写作渐渐升华为他的命运。灵魂唯有在文字里才得以彰显，梦想也因而得以维护与壮大。

　　他对写作的执着和付出，令写作成为他行走的符码。写作是他对抗孤独的壁垒，亦是他探问人类疑难的所持之杖。终其一生，他都在思索着个体的生命轨迹，人从哪儿来到哪儿去？灵魂的故乡到底在哪儿？直至渐进澄明之境的晚年，他也并没有给自己和世人开出立竿见影的解惑药方，但有一点却非常明了：人是这天地间的一粒尘埃，无尽的路途充满了无尽的寻找，生生不息的灵魂，承载着几世几代的期待，身为肉身的人，应放下对这世间的执迷，坚持对自我的诚实。

　　史铁生爱这必死的生命，因而也爱着处处千疮百孔的生活。在相信灵魂转世的情况下，他希望自己在死亡来临时，能够装载好此生的思绪，以备来世之用。虽然这一生坎坷、艰难，但史铁生对生命的深情与投入，就像《务虚笔记》中O在遗嘱里声嘶力竭的誓言：如果有来生，我还爱你。死，并不意味着什么都没有了，灵魂在一个个肉身中轮回复返，虽然历经芸芸众生，但终会因其独特而被今世的自己所回忆，所谓文明的传承，正在于心魂的接续。在因受欲望的牵引而来的此生中，作为行魂的"我"偶然落在了史铁生的肉身之中，"我"居于他，又超乎于他，正所谓"乘物以游心"。但所在的史铁生这一残缺的肉身，限制了"我"看世界的角度，而"我"所能做的是，必须在这种不可更改的安排中寻找自给的位置。

　　在生命的最后岁月，执着于写作探索的史铁生，曾对友人说自己正处于最好的创作状态。从他生命后期所创作的一些短小精悍的小说可以看出，他的创作开始倾向于闲逸、清空，踽踽独行于写作之夜的他，终于渐渐舒展开紧锁的眉头，从容接受岁月所给予的馈赠。只是非常可惜，读者还没有来得及展开的企盼，随着史铁生的突然离世就猝然落空了。2010年12月30日，透析完后，史铁生忽然血压升高，头痛，晚六点由救护车送往朝阳医院，后再转往宣武医院。凌晨两点，病危在即的史铁生因为朝阳和宣武医院都不具有器官移植的资质和手术设备条件，而在北京与天津红十字会直接挂钩的就只有武警总医院，12月31日凌晨3点46分，史铁生因突发性脑出血在北京武警总医院逝世。其身体所有能用的器官全部捐献，肝脏被飞驰运往天津，9个小时后，史铁生的肝脏在另一个人的身体里运作。

　　如果真如史铁生所说，死是灵魂的又一次迁徙，那么我们祝愿他那颗探索不息的灵魂，在另一维度的空间里能够得享永恒的安息。

附录：略谈史铁生的新笔记体小说创作

　　进入新时期以来，传统叙事资源在当代文学创作领域的影响一直存在，20世纪90年代前后一批先锋作家更有了明确自觉的回归古典意识，他们对叙事传统的重新发掘和使用，给当代小说注入了新的活力。史铁生在生命后期的创作具有笔记体小说叙事艺术的特征，他在保留笔记小说的短小精悍、言简意赅、富于哲理意蕴和空间留白的前提下，对笔记小说进行了自我革新，在其中融入了具有现代人哲思意味的形而上探索，彰显了他的生命意志和价值观念。

（一）

　　中国小说被分为文言与白话两大系统，隶属于文言小说系统中的笔记小说，经历了魏晋南北朝的第一个创作起点后，在唐宋时期进入一个重要的发展阶段，及至清代中期，笔记小说创作迎来了发展的高峰，最后终结于晚清。笔记小说虽在形式上终结于晚清，并且经历了晚清文学改良、五四新文化运动的洗礼，以及20世纪80年代西方文学思潮的冲击，但它的艺术生命力依然在潜滋暗长，20世纪80年代以后，"新文学在回应西方现代性冲击的语境中开始重新处理其与'传统'和'西方'的关系，民间的、传统的文化资源超越了文艺界一直以来对'旧形式'的理解"①，作为传统小说的典型范式，笔记小说在新时期书写中被有效地移植为新笔记小说。新笔记小说诞生于1980年初的文坛，且带着不息的生命活力延续至今，它在小说结构、内容、审美趣味、语言形式和套式等方面，表达着对传统笔记小说的尊重和继承，具有鲜明的笔记体小说特征，新笔记小说在小说的生成和审美机制上，都有效地实现了对民族传统美学资源的转化和运用。在艺术上注重题材的世俗性，追求人物的内在精神，偏

---

① 郭冰茹：《中国当代小说与叙事传统》，广州：广东高等教育出版社2018年版，第7页。

于写意，重神似而轻形似，在对离奇情节的淡化处理中，善于植入个人情怀。

尤其到了1990年代以后，一些先锋作家在经历了对西方小说的模仿和学习后，都有了明确而自觉的回归古典的意识，他们在原有古典小说叙事传统的基础上，进行了小说观念与文体的革新，如其中的新笔记体小说创作就呈现出一些符合时代人心的崭新素质。在西方文艺思潮的双重影响下，当代作家对笔记小说有了新的领悟与创新，很多不同年龄段的作家，如阿城、孙犁、林斤澜、李庆西等人，在进行现代人性与生存关怀的同时，都在进行着新笔记小说的创作，新笔记小说仿佛是当代小说创作的一方净土，在它里面没有当代小说中常见的喧哗与骚动，所传递的是当代人的闲适情趣和内敛的生存思索。史铁生的短篇小说《毒药》《群猴逸事》和《借你一次午睡》虽然创作时间不同，但总体风格恬淡平和，内蕴辽阔深远，精炼的微型小说体凝聚了他对小说艺术探索的不竭热情，在创作中体现了当代作家对传统小说艺术的接收和转化，通过对传统笔记小说的技法和艺术审美的借鉴，体现了他对古典艺术的回归倾向。这种写作风格的转变，是史铁生由现代主义写作向传统小说叙事艺术的一次无意识回归，暗示着传统叙事艺术在当代作家中的影响力，以及它本身的丰富内涵。

1980年代，在西方存在主义的影响下，史铁生在小说主题上进行深入挖掘，就生存本质的一系列形而上问题进行探寻，如对人的爱情、死亡、"残疾"、欲望、孤独等问题进行了哲思意味的解读，开创了当代哲思小说的新境界，同时他还尝试新的美学风格和艺术方法，对开放性结构的熟练应用、多种人称叙述的写作策略，以及对生存境况荒诞性的展示等，这些频繁的新变，既显示了一位年轻作家的创作生命力和激情，同时也在一定程度上反映了他在创新压力下的焦灼心态。

（二）

1980年代，史铁生的伤痕与反思文学创作相继在文坛上引起过不小的轰动，如具有现实主义风格的《插队的故事》《我的遥远的清平湾》便被视为其中的代表作，但在现实主义文学占据主流的创作语境里，史铁生一直在寻找一种可以更靠近灵魂的创作。1985年以后，史铁生的创作进入了一个新的时期，《命若琴弦》是他创作的转折，由此他开始向内探索人的内在精神领地，寻找生命意志的发源地。他发现，人的心魂深处其实比外界更丰富、更辽阔。史铁生极力摆脱现实主义文学理论的枷锁，并亲身实践多种创作方法，时值1980

年代西方现代主义文学与拉美魔幻现实主义文学涌入中国的高峰时期，这为史铁生对于多种创作方法的尝试打开了多元视角。在现实表相的描摹下，他常常将关于"死"的思索纳入文字之中，同时史铁生的作品还流露出非常典型的现实干预意识，如《午餐半小时》对于残疾人外在生存状态的关注，《法学教授及其夫人》对教授及其夫人在精神高压下噤若寒蝉的生存状态表示叹息。

1985 年以后，新时期文学经历了方法年、观念年的洗礼，使得深浸其中的史铁生对生活的表现方式也不再局限于身体残疾的客观限制，而是用更为自由和宏观的视角来俯察整个人类，创作视角越来越淡化现实层面的因子，对于心魂的探析愈显精微，向内探索人的生存这种带有终极性思索的谜题，就作品中所探讨过的如死亡、命运、人生之谜这些主题进行了较为深入的探讨和解读。他认为人生来是残疾的，这种残疾并不仅限于身体的残缺，人生来就在的困境有三种，即欲望困境、孤独困境以及对死亡的恐惧，而要补救这些困境带来的残疾，"爱"是唯一的良方。

史铁生的创作与现代主义色彩的某些理念有着十分具体又时而隐晦的关系。他在作品中着重探讨命运的谜底，完美地阐释了存在主义哲学，以实际行动解释了存在主义的内涵，虽然他自己谦虚地说也不清楚存在主义的全部内涵到底是什么，但是他承认自己的创作无形中应合了存在主义的某些理念，与此同时，他面对命运的疑难时的坚韧姿态，亦为存在主义做了立体形象的注释，而这一切为史铁生的新笔记体小说创作提供了一个具有中西思想背景的底色。

《毒药》的创作时间是 1986 年，小说的时间背景模糊，空间背景是在一座岛屿之上，叙述语言古雅简朴，故事开始的时间"是不久前的一天"，地点在"很远很远的地方，一片浩渺无际的大水中央，有个小岛"[①]，此番仿若幻境一般的描述，令人在空间和时间上架空了关于故事的所有想象，只能随着作者亦步亦趋。这个没有名字的小岛，每年有祭祀神鱼的活动，后来又兴起神鱼大赛。当地人将千辛万苦培养出的神鱼捧出来展示，互比高低，而标准则是神鱼是否新奇、是否怪种。因为极力要培养出新奇的鱼类，人们失去了正常人所需的睡眠，付出的代价是几乎丧失繁衍后代的能力，全岛人民对于"异化"的痴狂追求，是人类浮躁生存状态的折射。该小说正如一则现代启示录：随着现代科学技术的发展，人们以上进为名，制造了越来越多的条条框框来规约自身，

---

① 史铁生：《命若琴弦》，北京：人民文学出版社 2010 年版，第 248 页。

而吊诡的是，所导致的是自身的异化。

该小说对于民众意识中劣根性的批判，表现出作者个人情怀中可贵的反省意识。故事的主人公是曾经在这个岛上被自我放逐的一位老人，老人曾经雄心勃勃地要培养出最出色、新奇、可以拿冠军的神鱼，但是经年累月的辛苦换来的是一次次徒劳的失败，他想到自杀，并且得到了据说可以立马登仙的两粒毒药。他揣着它们离开了小岛，但是并没有立马服下去，带着随时都可以死的"信念"，他开始过不再养鱼的生活，并且在路途中结识了爱人，从此两人相互扶持着享受闲散无虑的烟火人生。而这层安心的来源，是最后被证明只是泡泡糖的两粒"毒药"，因为"死"在老人看来随时可以到来，所以他也就不再那般急迫，不如干脆放下防备，享乐人生。这听起来虽然有点荒诞，但在抱着这种信念生活的人看来"死是不必急于求成的事""死是必然会到来的节日"，无论对这个观念的接受是出于主动还是被动，死亡带来的只是肉身的陨灭，而灵魂可以超越个体死亡得以永存。这份淡泊的生死之思，在作者本人这里，得来不易，而它所暗含的生存观，与史铁生所接受的西方现代主义哲学不无关系。自发的哲学家气质和苦难精神把史铁生引向存在主义，存在主义对史铁生的影响表现在人与世界关系的深刻领悟，对荒诞处境的深刻体验，对荒诞和虚无的抗争，是存在主义促进了史铁生对人生与命运理解的深度。史铁生的在世思索带有超世俗性，在死亡面前，一切都是"虚空与捕风"，但能够像西绪福斯一样把一生的苦行变成充实的快意的时候，也正是一切意义的证明。

在结尾部分，老人再次离开这个小岛，且带着恩人的嘱托带走两个孩子，是因为生活在这个岛上的人不能再生育了，在他们挖空心思想要培育出鱼类的后代时，自己的繁殖能力却无形中被阉割了，这是对利欲熏心的人类的莫大讽刺。老人带着两个孩子坐船离开小岛的意象，浸润着"小舟从此逝，江海寄余生"的隐逸情怀。但是当时是 20 世纪 80 年代中期，是作者的创作生命正旺盛的第一个时期，这种归隐倾向不可能成为作者之后很长一段时间写作的主导因素，因而被很好地埋伏了。

（三）

史铁生后期的两篇小说《群猴逸事》和《借你一次午睡》中，在体例与内容上明显完成了对中国古代笔记小说的系统借鉴和改造，史铁生借新笔记体进行创作，流露出的具有现代性的生存之思，同时他反对异化、追求自然的旷达情致，与笔记小说的古雅相映成趣。笔记小说分为志怪与志人两大类，史铁生的这两篇有着鲜明的志怪痕迹，小说延续了志怪笔记小说的传统，具有非现实性，情节离奇而不刻意渲染，对于生死的思考，有意被植入看似闲谈的逸趣之中，体现了作者灵魂不灭的信念。

《借你一次午睡》创作于 2009 年，被收录在史铁生的遗作《昼信基督夜信佛》中，至此时，史铁生已完成了自己生命中的大部分创作与思考。在《借你一次午睡》中，虽以当代生活中的人事为背景，其中却弥漫着轮回转世的神秘气息，且作者关于轮回转世的描述自然流畅，这与作者有关"灵魂"的思索不无关系，作者认为人的生命并不因肉身的死亡而消弭，在宇宙的另一维，人的灵魂不会灭没，肉身的死只是生的一种形式。在这篇简短的小说中，再不见史铁生对于命运密码的苦苦探寻，有的只是生命行到水穷处，坐看云起时的淡泊与超然。

小说《借你一次午睡》偏于实录，它的素材似乎来源于作者耳闻或者目见的文字，只是作者不再满足于语言的转述与记录，他更愿充当创造者，更乐于根据自己的生命体验、经验印象根据这些原始材料去建构独特的艺术世界。小说中幽明互通的灵魂游历读起来颇富生趣。小说写女孩苏苏在午睡中，梦见一位姑娘，她要请苏苏帮个忙，就是替自己看花，于是苏苏渐渐被五颜六色的花儿迷住了，不多久那姑娘回来了，并要送她一件真丝手绣旗袍作为答谢的礼物，并说旗袍就放在邻居邝婶的柜子里。待苏苏醒来后才发现这是个梦，可是这个梦竟然做了近半年，窗外已是飘雪的冬季，那么午睡前没有过完的残夏与深长的秋天，她都去哪里了？邻居和妈妈都对她过去半年来的变化深感意外，因为自那个炎夏的午睡之后，她除了长得像自己，其余的都是邝婶那已逝的女儿蒙蒙的做派了，并且她将邝婶叫妈，管自己的妈叫阿姨。苏苏亦觉莫名其妙，遂将旗袍一事告诉众人，邝婶回去翻箱倒柜，果然找出一件女儿蒙蒙生前的旗袍。而这位蒙蒙早在苏苏还没出生的时候就离世了。这小说虽然在名字上略有现代特征，却富含着志怪小说的神韵，行文流畅，仿似一气呵成。

作者将轮回转世当作一件再平常不过的事，来说与看官听，他将灵魂视为一个存在的客体，在属世生命中离去的蒙蒙并没有真的陨灭，她的灵魂存在于无限之中，并介入苏苏的梦境，进而在现世再次标示自己曾来过。这是作者对于生命的敬意与流连的表现，同时也表现了作者关于自我存在的思考。在坦然面对来生的时候，他只有一个隐忧，那就是自己能不能在临死之时保持住镇静，守住作为一个人的尊严，能不能在脱离肉身的瞬间免于惊慌，以便将今生的思绪带入下一次的轮回。作者对心魂不灭的信念，体现了他的生之热情，对生命无限的崇敬，以及对自我永不止息的期待。

（四）

《群猴逸事》的创作时间是 2010 年 11 月，小说不足千字，以拟人化手法讲了猴群中的一则"逸事"。作为文言小说的一个门类，笔记小说在概念上的界定众说纷纭，最早对其进行界定的是唐代史学家刘知几，他认为"偏记小说，自成一家，而能与正史参行，其所由来尚矣。爰及近古，斯道渐烦，史氏流别，殊途并骛，榷而为论，其流有十焉：一曰偏记，一曰小录，三曰逸事，四曰琐言，五曰郡书，六曰家史，七曰别传，八曰杂记，九曰地理书，十曰都邑簿"①。该小说虽然篇幅短小，粗陈梗概，却精悍富有情趣。作者在艺术技巧上讲究谋篇布局、推敲文字，力求文辞的简练、情节的错落有致，而无限的回味则是《群猴逸事》的一个显著特点。小说的时间不详，背景是一个野生动物园，园主阿迪照看群猴。因为疏漏，猴王逃走，群猴中唯名叫闪与雷的两个猴子有资格做猴王，在雷略胜一筹的情况下，阿迪深知一山难容二虎，两败俱伤事小，猴群的长治久安才是重中之重，于是施计令闪称王，将阿雷供养起来。日渐优渥的生活环境令雷失去了生命的活力，最后在阿迪的精心安排下毅然出走，回归山林。小说末尾，多年后阿迪在深山中与长相似雷的老猴相遇，"那猴似笑非笑，作揖顿首，而后款款离去，隐于深山"，这一结局的安排如余音渺渺，现无尽意于言外。该小说体制短小，叙事简约，深得空白、神韵等中国传统美学之精华。猴王雷在自我放逐多年后拜谢阿迪的举动，暗含着它怎样的生存体验？作者留给读者去思考，小说在艺术技巧上鬼斧神工的艺术表现，造就一段曼妙的留白，在看似不经意的描述之间流露出作者对隐逸生活的向往，对名利场的排斥，折射出作为现代人面对生存焦虑时的隐逸情怀，而艺术韵味则在似淡实浓间尽显风流。

读者在阅读过程中所获得的逸趣，正应合了笔记小说"为赏心而作"的书写理念。作者对小说四两拨千斤的描述，反映了他艺术修养的日臻成熟，小说隐含的思想内蕴也印刻着史铁生的生命体验。这篇小说看似闲散、漫不经心，实则形神兼备、富涵气韵，且具有民族的情理结构与思维方式。不动声色的描述体现了作者对于人生的某种领悟，同时也彰显着思想境界的光辉，显示出

---

① 苗壮：《笔记小说史》，杭州：浙江古籍出版社 1998 年版，第 2 页。

"莲子熟时花自落"的通透明达。文章富于禅机,所传达出的平易散淡,体现了史铁生渐入晚年后的生命智慧。

综而观之,史铁生熟识西方现代主义文学中的小说技巧与创作方法,但在生命的后期,呈现出对于传统文学创作技法的认可与肯定,他善于从传统中获取灵感与素材,但不是照搬古人,而是大胆拿来,加以改造,因而创作出了富于传统神韵的小说。陈文新认为学术研究应往中西汇通的方向发展,"即一方面自然而合理地引入某些西方概念,以激活中国的学术传统,另一方面又充分注意中国文化中某些特殊的概念、现象、范畴,力求给予同情之了解"①。从史铁生个人的创作历程可以看出,无论是 1980 年代,还是 21 世纪的今天,笔记小说始终保持着一定的生命力,它有着宽广的发展空间,对于这样一种小说形式,我们应给予更多的重视。

---

① 陈文新:《传统小说与小说传统》,武汉:武汉大学出版社 2007 年版,第 14 页。

| 参考文献

[1] 齐宏伟. 文学·苦难·精神资源[M]. 南昌:江西人民出版社,2008.

[2] 许纪霖. 另一种理想主义[M]. 上海:复旦大学出版社,2010.

[3] 赵毅衡. 对岸的诱惑:中西文化交流人物[M]. 北京:知识出版社,2003.

[4] 邓晓芒. 灵魂之旅:90 年代以来中国文学的生存意境[M]. 上海:上海文艺出版社,2009.

[5] 叶立文. 启蒙视野中的先锋小说[M]. 武汉:湖北人民出版社,2007.

[6] 张文涛. 尼采六论:哲学与政治[M]. 上海:华东师范大学出版社,2007.

[7] 王德威. 当代小说二十家[M]. 北京:三联书店,2006.

[8] 胡河清. 灵地的缅想[M]. 上海:学林出版社,1994.

[9] 周国平. 爱与孤独[M]. 桂林:广西师范大学出版社,2004.

[10] 於可训. 当代中国文学概论[M]. 武汉:武汉大学出版社,2009.

[11] 樊星. 当代文学新视野讲演录[M]. 桂林:广西师范大学,2007.

[12] 叶立文. "误读"的方法:新时期初西方现代主义文学的传播与接受[M]. 北京:中国社会科学出版社,2009.

[13] 胡山林. 寻找灵魂的归宿:史铁生创作的终极关怀精神[M]. 北京:人民文学出版社,2005.

[14] 张汝伦. 现代西方哲学十五讲[M]. 北京:北京大学出版社,2004.

[15] 丛新强. 基督教文化与中国当代文学[M]. 济南:山东文艺出版社,2009.

[16] 刘小枫. 拯救与逍遥[M]. 2 版. 上海:华东师范大学出版社,2011.

[17] 刘小枫. 这一代人的怕和爱[M]. 北京:华夏出版社,2007.

[18] 刘小枫. 沉重的肉身[M]. 上海:上海人民出版社,1999.

[19] 刘小枫. 诗化哲学[M]. 上海:华东师范大学出版社,2011.

[20] 刘小枫. 走向十字架上的真[M]. 上海：华东师范大学出版社,2011.

[21] 刘小枫. 圣灵降临的叙事[M]. 增订本. 北京：华夏出版社,2008.

[22] 葛桂录. 他者的眼光：中英文学关系论稿[M]. 银川：宁夏人民教育出版社,2003.

[23] 梁坤. 末世与救赎：20世纪俄罗斯文学主题的宗教文化阐释[M]. 北京：中国人民大学出版社,2007.

[24] 李元. 加缪的新人本主义哲学[M]. 上海：上海社会科学出版社,2007.

[25] 王晓朝. 宗教学基础十五讲[M]. 北京：北京大学出版社,2003.

[26] 施津菊. 中国当代文学的死亡叙事与审美[M]. 北京：中国社会科学出版社,2007.

[27] 阮海彪. 死是容易的[M]. 北京：作家出版社,1988.

[28] 杨伯峻. 论语译注[M]. 北京：中华书局,1980.

[29] 孙武昌. 佛教与中国文学[M]. 上海：上海文学出版社,2007.

[30] 陈平原. 中国小说叙事模式的转变[M]. 北京：北京大学出版社,2010.

[31] 毕治国. 死亡哲学[M]. 哈尔滨：黑龙江人民出版社,1989.

[32] 马恒君. 庄子正宗[M]. 北京：华夏出版社,2005.

[33] 陈晓明. 无边的挑战：中国先锋文学的后现代性[M]. 桂林：广西师范大学出版社,2004.

[34] 陈民. 西方文学死亡叙事研究[M]. 南京：江苏文艺出版社,2006.

[35] 南帆. 五种形象[M]. 上海：复旦大学出版社,2007.

[36] 卢军. 救赎与超越：中国现当代作家直面苦难精神解读. [M]济南：齐鲁书社,2007.

[37] 陈嘉明. 现代性与后现代性十五讲[M]. 北京：北京大学出版社,2006.

[38] 刘一兵,张民. 虚构的自由：电影剧作本体论[M]. 北京：中国电影出版社,2002.

[39] 叶元. 电影学概论[M]. 上海：上海社会科学院出版社,1988.

[40] 汪流. 电影剧作概论[M]. 2版. 北京：中国电影出版社,1997.

[41] 史铁生. 我与地坛[M]. 北京：人民文学出版社,2011.

[42] 史铁生. 病隙碎笔[M]. 北京：人民文学出版社,2011.

[43] 史铁生. 我的丁一之旅[M]. 北京：人民文学出版社,2011.

[44] 埃里希·弗罗姆. 逃避自由[M]. 陈学明,译. 北京：工人出版社,1987.

[45] 阿尔弗雷德·阿德勒. 自卑与超越[M]. 吴杰,郭本禹,译. 北京:中国人民大学出版社,2013.

[46] 西格蒙德·弗洛伊德. 释梦[M]. 孙名之,译. 北京:商务印书馆,2005.

[47] 阿尔贝·加缪. 西绪福斯神话[M]. 郭宏安,译. 北京:新星出版社,2012.

[48] 阿尔贝·加缪. 西绪福斯神话[M]. 郭宏安,译. 北京:生活·读书·新知三联书店,2014.

[49] 西蒙娜·德·波伏瓦. 第二性[M]. 郑克鲁,译. 上海:上海译文出版社,2011.

[50] 朱迪斯·巴特勒. 性别麻烦:女性主义与身份的颠覆[M]. 宋素凤,译. 上海:上海三联书店,2009.

[51] 柏拉图. 柏拉图的《会饮》[M]. 刘小枫,译. 北京:华夏出版社,2003.

[52] 爱德华·W. 萨义德. 知识分子论[M]. 单德兴,译. 北京:三联书店,2002。

[53] 克洛德·列维-斯特劳斯. 结构人类学[M]. 张祖建,译. 北京:中国人民大学出版社,2006.

[54] 海德格尔. 存在与时间[M]. 陈嘉映,王庆节,译. 北京:三联书店,2012.

[55] 尼采. 查拉图斯特拉如是说[M]. 尹溟,译. 北京:文化艺术出版社,2003.

[56] 苏珊·桑塔格. 疾病的隐喻[M]. 程巍,译. 上海:上海译文出版社,2003.

[57] 米歇尔·福柯. 性经验史[M]. 佘碧平,译. 上海:上海人民出版社,2005.

[58] 米歇尔·福柯. 知识考古学[M]. 谢强,马月,译. 北京:三联书店,1998.

[59] 罗兰·巴特. 恋人絮语:一个解构主义者的文本[M]. 汪耀进,武佩荣,译. 上海:上海人民出版社,2009.

[60] 让-保尔·萨特. 文字生涯[M]. 沈志明,译. 北京:人民文学出版社,1988.

[61] 约瑟夫·拉辛格. 基督教导论[M]. 静也,译. 上海:上海三联书店,2002.

[62] E. M. 福斯特. 小说面面观[M]. 冯涛,译. 北京:人民文学出版社,2009.

[63] 坪内逍遥. 小说神髓[M]. 刘振瀛,译. 上海:上海译文出版社,2010.

[64] 弗·谢·索洛维耶夫. 精神领袖:俄罗斯思想家论陀思妥耶夫斯基[M]. 徐振亚,娄自良,等译. 上海:上海译文出版社,2009.

[65] 埃里克·斯坦哈特. 尼采[M]. 朱晖,译. 北京:中华书局,2003.

[66] 阿兰·罗伯-格里耶. 为了一种新小说[M]. 余中先,译. 长沙:湖南文艺出版社,2012.

[67] 罗兰·巴尔特. 写作的零度[M]. 李幼蒸,译. 北京:中国人民大学出版社,2008.

[68] 米兰·昆德拉. 小说的艺术[M]. 董强,译. 上海：上海译文出版社,2004.

[69] 马赛尔·马尔丹. 电影语言[M]. 何振淦,译. 北京：中国电影出版社,1981.

[70] 布鲁斯东. 从小说到电影[M]. 高骏千,译. 北京：中国电影出版社,1981.